일본의 시대·문화·생각을 읽다

문형 중심
일본어 독해

천수성 편저

편저자

천수성

한국외국어대학교 일본어과 졸업
계명대학교 대학원 일어일문과 졸업
前 부산 일본국총영사관 공부문화부 차장
   부산대학교 일어일문학과 교수
   삼성종합연수원 주임교수
   경성대학교 일어일문학과 교수
   한국 일어일문학회 이사
   부산 일어일문학회 회장

교정 협력

가와노 나츠코 [河野奈津子]

宮崎大学(미야자키대학) 교육학부
초등학교 교원양성과정 국어전공 졸업
부산대학교 일어일문학과 석사과정(석사)
現 부산외국어대학교 커뮤니케이션일본어학부 조교수
공저 〈이거 일본어로 뭐지?〉

소라 사치코 [空佐知子]

山口県立大学(야마구치현립대학)
국제문화학부 일본어교육전공 졸업
부산대학교 일어일문학과 석사과정(석사)
부산대학교 일어일문학과 박사과정 수료
現 부산대학교 일어일문학과 강사
공저 〈이거 일본어로 뭐지?〉

일본의 시대·문화·생각을 읽다
문형중심 일본어 독해

초판인쇄	2013년 6월 10일
초판발행	2013년 6월 15일
편저자	천수성
발행인	이기선
발행처	제이플러스
주소	서울시 마포구 월드컵로 31길 62
전화	(02) 332-8320
팩스	(02) 332-8321
등록번호	제 10-1680호
등록일자	1998년 12월 9일
홈페이지	www.jplus114.com
ISBN	978-89-94632-91-9 (03730)

※파본은 구입하신 서점이나 본사에서 바꾸어 드립니다.

  이 책은 일본의 교과서, 외국인을 위한 교재, 일본 신문 등에 수록된 글을 인용하여, 배워둘 만한 문형과 어휘를 위주로 독해력을 기르게 하는 데 목표를 두고 만든 책입니다.

  따라서 종래의 문법중심의 시각에서 탈피하여 문형중심의 해설을 달고, 예문의 단어 선정은 실용성을 첫째로 삼아 작성한 것임을 밝힙니다.

  매과는 그과에서 나오는 새로운 단어와 본문, 문형과 해설, 연습문제, 문형확인으로 구성되 있으며 독해지문이 끝나면 내용확인문제와 소주제로 토론할 수 있는 질문 등을 넣어 네이티브 원어민 회화수업용으로도 활용할 수 있도록 하였습니다.

  아무쪼록 이 책이 빠른 시일에 효과적인 방법으로 익히며, 실생활에 활용할 수 있는 교재라는 개발목적에 부합하여, 학습자들의 실력향상에 다소나마 도움이 되기를 바랍니다.

일러두기

* 이 책은 저자 천수성 교수님의 유작으로, 이전에 나왔던 "일본어독해"의 개정판임을 밝힙니다.
* 새로운 질문과 예문수정, 일본어교정 등은 가와다 나츠코님, 소라 사치코님께서 수고해주셨습니다. 이 자리를 빌어 감사드립니다.
* 독해내용은 작성당시의 시대적인 일본의 모습과 사고방식, 정서 등을 엿볼 수 있는 본문도 수록되어 있으므로, 현대에 바뀐 부분 등은 편집자주를 따로 달아 표기하였습니다.

기호해설

な形	な형용사, 형용동사
い形	い형용사, 형용사
5他	5단동사/1그룹 동사 (타동사)
5自	5단동사/1그룹 동사 (자동사)
1他	상1단/하1단 동사/2그룹동사 (타동사)
1自	상1단/하1단 동사/2그룹동사 (자동사)
接	접속사
副	부사
助	조사
語	숙어, 어구
名	명사

* 5단동사 : 1그룹 동사 (5단활용을 하는 동사)
* 1단동사 : 2그룹 동사 (상1단동사, 하1단동사)

차례

1 木で造った家 나무로 지은 집 _ 7
2 公園 공원 _ 13
3 大きな駅 큰 역 _ 19
4 お月見 달놀이 _ 25
5 わらいばなし 우스개 이야기 _ 31
6 お金のあな 동전의 구멍 _ 37
7 日本の国土 일본의 국토 _ 43
8 たなばた 칠석날 _ 49
9 小さなねじ 조그만 나사 _ 55
10 衣食住 의식주 _ 61
11 交通事故 교통사고 _ 67
12 男性化と女性化 남성화와 여성하 _ 73
13 農村と都市 농촌과 도시 _ 79
14 子供とテレビ 아이들과 TV _ 85
15 小さな親切 작은 친절 _ 91
16 権利と義務 권리와 의무 _ 97
17 友達 친구 _ 105
18 抗議する義務 항의할 의무 _ 113
19 季節風と日本人 계절풍과 일본인 _ 121
20 新聞の記事 신문의 기사 _ 129

부록 I

일본어능력TEST ❶ _ 138
일본어능력TEST ❷ _ 144
일본어능력TEST ❸ _ 150

부록 II

모범답안 및 해설 _ 157

Unit 01

木(き)で造(つく)った家(いえ)

독해를 위한 어휘체크!

外国(がいこく) 외국	手(て)に入(い)れる 입수하다, 손에 넣다	通(とお)る 5自 지나가다, 통과하다
石(いし) 돌	しめ(湿)り気(け) 습기	少(すく)ない い形 적다
れんが 벽돌	こもる 5自 스며들다, 들어차다	わりあい(割合) 副 비교적, 생각보다
ところが 接 그러나	世界(せかい) 세계	地震(じしん) 지진
なぜ 副 왜, 어째서	空気(くうき) 공기	強(つよ)い い形 강하다, 세다
理由(りゆう) 이유	しめ(湿)る 5自 습하다, 젖다	崩(くず)れる 1自 무너지다, 붕괴되다
スギ 삼나무	ひじょう(非常)に 副 매우, 대단히	心配(しんぱい) 걱정
ヒノキ 노송나무	~ため 助 ~때문에	けれども 接 그러나, 하지만
日本中(にほんじゅう) 전 일본	建(た)てかた 건축양식, 짓는 법	
どこにでも 어디에라도, 모든 곳에	大切(たいせつ)な な形 중요한, 귀중한	

01 木で造った家

　外国には、石やれんがで造った家が多いです。ところが、日本には、木で造った家が多いのです。普通の家は、たいてい木で造られています。なぜ木で造った家が多いのでしょうか。

　その大きな理由は、日本には、家を造るのによい木がたくさんあるということです。スギ、ヒノキなどの木が、日本中どこにでもあって、手に入れやすいのです。

　また、木で造った家は、しめりけが部屋の中にこもらないというのもその理由です。日本は、世界でもとくに雨の多い所なので、空気のしめっているときがひじょうに多いのです。そのため、日本では、しめりけが部屋の中にこもらないような建てかたが大切になってきます。木で造った家は、石やれんがの家より風がよく通るので、しめりけが部屋の中にこもることが少ないのです。

それから、木で造った家は、わりあい地震に強いということもあります。日本はひじょうに地震の多い所です。石やれんがの家は、地震のときに崩れる心配があります。けれども、木で造った家はわりあい崩れません。

　それで、日本の家には木で造った家が多いのです。

（『外国人のための日本語読本』(文化庁)初級5より）

본문을 읽고 다음 질문에 답해 보세요.

1　日本に木で造った家が多い一番の理由は何ですか。
2　木で造った家は、どうして部屋の中にしめりけがこもりにくいのでしょうか。
3　地震のとき、どうして石やれんがの家より木の家のほうがいいのですか。
4　地震と台風、どちらが怖いですか。理由を3つ以上言ってください。
5　韓国にはどんな家がありますか。その長所と短所は何ですか。
6　あなたは将来、どんな家で、どんな暮らしをしたいですか。

문형다지기

1 名 でつくる ~으로 만들다

「~で」는 여러 가지 뜻으로 사용되는 조사로서, 여기서는 재료(材料)를 나타낸다.

- この机は木で作りました。 이 책상은 나무로 만들었습니다.
- 靴下(くつした)はおもに木綿(もめん)やシルクで作られます。 양말은 주로 면이나 실크로 만들어집니다.

「~で」가 육안으로 식별이 가능한 재료에 사용되는 반면, 식별이 안 될 경우에는 「~から」로 쓰기도 한다.

- お酒はお米(こめ)から作られます。 술은 쌀로 만들어집니다.
- とうふは豆(まめ)から作られます。 두부는 콩으로 만들어집니다.

※ 보통 「造(つく)る」는 배나 도로 등 큰 것, 「作(つく)る」는 책상이나 인형 등 작은 것을 만들 때 사용한다.

2 なぜ~(の)でしょうか 왜 ~일까요?

「~(の)でしょうか」는 '~일까요?' '~할까요?'의 뜻으로, 「~ですか」보다 부드러운 느낌을 준다.

- なぜ東京はソウルより物価(ぶっか)が高いのでしょうか。 왜 동경은 서울보다 물가가 비쌀까요?
- なぜヨーロッパでは長い休みが多いのでしょうか。 왜 유럽에서는 긴 휴일이 많은 걸까요?
- なぜ最近は春や秋が短いのでしょうか。 왜 최근에는 봄이나 가을이 짧은 걸까요?

3 動 ~(ます)+かた ~ 하는 법, 하기

「~かた(方)」는 동사의 ます형에 접속하여 '~하는 법'이라는 뜻의 복합명사를 만들어준다.

- 漢字(かんじ)は書(か)きかたと読(よ)みかたが難(むずか)しすぎます。 한자는 쓰는 법과 읽는 법이 너무 어렵습니다.
- わたしはパソコンの使いかたを知っています。 나는 컴퓨터의 사용법을 압니다.

4 名 に強い / 弱い ~에 강하다/약하다

「~に強い/弱い」의 형으로 견뎌내는 능력을 뜻한다.

- わたしは寒さには強いですが、暑さには弱(よわ)いです。 나는 추위에는 강하지만, 더위에는 약합니다.
- たいていの男は女の涙(なみだ)は弱いものです。 대개의 남자는 여자의 눈물에는 약한 법입니다.
- 新しく発売(はつばい)されたこのタブレットは水に強いです。 새로 판매된 이 탭은 물에 강하다.

5 接続詞 접속사

접속사란, 문장과 문장 또는 단어와 단어를 이어주는 기능을 하는 말이다.

첨가 また, それから

- あの人は医者であり、また大学の先生でもあります。
  저 사람은 의사이며, 또 대학 선생(교수)이기도 합니다.
- きのう山田さんに会いました。それから、木村さんにも会いました。
  어제 야마다 씨를 만났습니다. 그리고 기무라 씨도 만났습니다.

순접 それで

- スマートフォンが買いたかった。それで、父にお金を送ってもらった。
  스마트 폰을 사고 싶었다. 그래서 아버지께 돈을 (보내) 받았다.
- 熱がありました。それで、お医者さんのところへ行きました。
  열이 있었습니다. 그래서 병원에 갔습니다.

역접 ところが, けれども

- 今度こそはと思っていた。ところが、まただめだった。
  "이번에는 꼭" 이라고 생각했었다. 그러나 또 실패했다.
- 風はやんだ。けれども、雨はまだ降っている。
  바람은 그쳤다. 그러나 비는 아직도 내리고 있다.

6 語句

手に入れる 손에 넣다, 입수하다

江戸時代の本を一冊手に入れたいです。
에도시대 때의 책을 한 권 구하고 싶습니다.

셀프테스트

1 보기와 같이 밑줄 친 부분을 고쳐 문장을 만드시오.

☞ 모범답안(p.158)

> **보기**　なぜヨーロッパでは長い休みが多いですか。
> → なぜヨーロッパでは長い休みが多いのでしょうか。

❶ 日曜日なのに、なぜ会社へ行きますか。
❷ 最近の若者はなぜあまり働きませんか。
❸ 元気なのに、なぜそんなに薬を飲みますか。
❹ われわれの生活はなぜ豊かではありませんか。

2 보기와 같이 밑줄 친 부분을 고쳐 문장을 만드시오.

> **보기**　漢字は書く方法が難しいです。
> → 漢字は書きかたが難しいです。

❶ 日本人の名前は読む方法がとてもややこしいです。
❷ 西洋料理は食べる方法が難しいです。
❸ わたしはお茶をいれる方法がよくわかりません。
❹ あの人は日本語を教える方法が上手です。

3 다음 문장을 일본어로 말하시오.

❶ 철로 만든 책상보다 나무로 만든 책상이 감촉이 좋습니다.
❷ 한국인들의 사고방식은 보다 합리적으로 바뀌어야만 합니다.
❸ 왜 우리는 이토록 무질서 속에서 방황하지 않으면 안될까요?
❹ 온돌방은 방바닥이 따뜻해서 겨울을 나기에 좋습니다.

철 : 鉄(てつ)
감촉 : 手(て)ざわり
무질서 : 無秩序(むちつじょ)
방황하다 : さまよう
온돌방 : オンドル部屋(べや)

문형확인문제

1. 외국에는 돌이나 벽돌로 지은 집이 많습니다.
　外国(がいこく)には、石(いし)やれんが [　] 造(つく)った家が多いです。

2. 왜 나무로 지은 집이 많은 걸까요?
　[　] 木で造った家が多い [　]。

3. 습기가 방 안에 차지 않도록 하는 건축 양식이 중요합니다.
　しめりけが部屋の中にこもらないような建(た)て [　] が大切(たいせつ)です。

4. 나무로 지은 집은, 비교적 지진에 강합니다.
　木で造った家は、わりあい地震(じしん) [　] です。

5. 삼나무, 노송나무 등의 나무가 일본 어디서나 구하기 쉽습니다.
　スギ、ヒノキなどの木が、日本じゅうどこにでもあって [　] やすいのです。

Unit 02

公園(こうえん)

 독해를 위한 어휘체크!

公園(こうえん) 공원	緑(みどり) 녹음, 녹색, 초록	次(つぎ) 다음
都会(とかい) 도시, 도회지	心(こころ) 마음	守(まも)る 5他 지키다
田舎(いなか) 시골	慰(なぐさ)める 1他 달래다, 위로하다	汚(よご)す 5他 더럽히다
比(くら)べる 1他 비교하다	遊(あそ)び場(ば) 놀이터, 놀 곳	紙(かみ)くず 휴지
森(もり) 삼림, 숲	危(あぶ)ない い形 위험하다	捨(す)てる 1他 버리다
林(はやし) 숲	道路(どうろ) 도로	芝生(しばふ) 잔디밭
恵(めぐ)む 5他 베풀다	死(し)ぬ 5自 죽다	枝(えだ) 나뭇가지
庭(にわ) 정원, 뜰	数(かず) 수, 숫자	折(お)る 5他 꺾다, 접다
狭(せま)い い形 좁다	けっして 副 결코, 절대로	とる 5他 뽑다
空気(くうき) 공기	そこで 接 그래서	他人(たにん) 타인, 남
汚(よご)れる 1自 더럽혀지다	現在(げんざい) 현재	迷惑(めいわく) 폐, 귀찮음, 성가심
散歩(さんぽ) 산보, 산책	全国(ぜんこく) 전국	
草花(くさばな) 화초	言(い)われる 일컬어지다(「言う」의 수동형)	

02 公園

　都会に住んでいる人たちは、田舎に住んでいる人たちに比べて、森や林に恵まれていません。

　にぎやかな所になればなるほど、家の庭も狭く、空気も汚れています。田舎のように、散歩したり、きれいな草花や木の緑で心を慰めたりする場所がありません。

　また都会の子供たちは広い遊び場がないので、危ない道路で遊んでいます。そのために、自動車や自転車にひかれて、けがをしたり死んだりする子供の数は、けっして少なくありません。

　そこで、都会には、公園がたくさん作ってあります。現在東京だけでも、公園が五十ぐらいあります。全国では、三千ぐらいあると言われています。

　公園は都会の人のみんなの遊び場であり、心を慰めてくれる庭であり、自分一

人のものではありません。それで、わたしたちはみんなで次のようなことを守らなければなりません。

- 公園を汚さないようにしましょう。
- 紙くずを捨てないようにしましょう。
- 芝生に入らないようにしましょう。
- 木の枝を折ったり、草花をとったりしないようにしましょう。
- 他人の迷惑になるようなことはやめましょう。

(『日本語読本』(国際学友会)1より)

본문을 읽고 다음 질문에 답해 보세요.

1 都会に住んでいる人と、田舎に住んでいる人では、どちらのほうが、森や林に恵まれていますか。

2 都会は、にぎやかな所になればなるほど、どのような場所がありませんか。(2つ)

3 全国では、二千ぐらいあると言われている公園は、東京にはどれぐらいありますか。

4 公園は、自分一人のものではありません。わたしたちは次のようなことを守らなければなりません。本文にないものを一つ選んでください。
　❶ 他人に迷惑をかけてはいけません。　❷ 芝生に入ってはいけません。
　❸ ごみを捨てないようにしましょう。　❹ 木の枝や、草花をとってもって帰りましょう。
　❺ 公園をきれいに使いましょう。

5 都会と田舎の長所と短所を話してみましょう。

문형다지기

1   名 ~(れ)ば 動 ~るほど   ~하면 ~할수록

'~하면 ~할수록'이라는 뜻의 관용적인 표현으로, 「~(れ)ば」 부분을 생략해서 말하기도 한다.

- 日本語は習えば習うほど難しくなります。 일본어는 배우면 배울수록 어려워집니다.
- 字は書けば書くほど上手になります。 글씨는 쓰면 쓸수록 잘 쓰게 됩니다.
- 酒は飲めば飲むほど強くなります。 술은 마시면 마실수록 세집니다.

「~ば~ほど」는 동사뿐만 아니라 다른 품사에도 쓰인다.

- 金持ちであればあるほどけちなことをします。 부자면 부자일수록 인색한 짓을 합니다.
- 元気であれば元気であるほど体に気をつけてください。 건강하면 건강할수록 건강에 유의해 주세요.
- 安ければ安いほどよく売れます。 싸면 쌀수록 잘 팔립니다.

2   決して ~ 부정형   결코 ~지 않다

「決して」 뒤에는 반드시 부정이 오는데, 이를 '부사의 호응'이라 한다.

- 彼は人に悪く言われているが、決して悪い人間ではない。
  그는 남들에게 나쁜 소리를 듣지만, 결코 나쁜 사람이 아니다.
- 決してだますつもりはなかったのです。 결코 속일 생각은 없었습니다.
- ご親切は決して忘れません。 친절은 결코 잊지 않겠습니다.

3   名1 は 名2 であり   ~는 ~이고   ※자세한 것은 5번 참조.

명사문의 연결은 보통 「で」형을 취하는데, 논문이나 연설문 등에서는 「~である」의 중지형인 「~であり」로 연결한다.

- 教育を受けることは、国民の権利であり、義務でもあります。
  교육을 받는 것은 국민의 권리이며, 의무이기도 합니다.
- ソウルは韓国の首都であり、アジアの玄関であります。 서울은 한국의 수도이자, 아시아의 현관입니다.
- 犬は動物であり、菊は植物であります。 개는 동물이고, 국화는 식물입니다.

  → 「植物(しょくぶつ)」(식물)와 「食物(しょくもつ)」(음식물) 발음에 주의.

4 動 ～る(ない)ようにしましょう ～해(하지 않)도록 합시다

다짐이나 약속을 할 때 사용된다.

- 芝生に入らないようにしましょう。 잔디밭에 들어가지 않도록 합시다.
- 事務所ではたばこを吸わないようにしましょう。 사무실에서는 담배를 피우지 않도록 합시다.
- みんなで交通ルールを守るようにしましょう。 모두가 교통법규를 지키도록 합시다.

5 문장의 접속

「話しことば」(회화체)에서는 ❶과 같이 「て」나 「で」로 접속하고, 문어체에서는 ❷와 같이 쓴다.

명사문

★ 「～だ」「～です」가 단순히 단정의 뜻을 나타내는 데 비해, 「～である」는 설명적인 느낌을 준다.

❶ 東京は日本の首都で、日本一の都会です。
❷ 東京は日本の首都であり、日本一の都会です。 동경은 일본의 수도이며, 일본 제일의 도시입니다.

な형용사문

❶ 地下鉄は便利で、バスは不便だ。
❷ 地下鉄は便利であり、バスは不便である。 지하철은 편리하고, 버스는 불편하다.

い형용사문

❶ 夏は暑くて、冬は寒いです。
❷ 夏は暑く、冬は寒いです。 여름은 덥고, 겨울은 춥습니다.

동사문

❶ 韓国人は濃い味を好んで、日本人はあっさりした味を好みます。
❷ 韓国人は濃い味を好み、日本人はあっさりした味を好みます。
한국인은 진한 맛을 즐기고, 일본인은 담백한 맛을 즐깁니다.

6 語句

～に恵まれる ～에 혜택받다

韓国は地下資源にあまり恵まれた国ではありません。 한국은 지하자원에 그다지 혜택받은 나라가 아닙니다.

車にひかれる 차에 치이다

彼はゆうべバスにひかれそうになったそうです。 그는 어젯밤 버스에 치일 뻔 했답니다.

公園 17

셀프테스트

1 보기와 같이 밑줄 친 부분을 고쳐 문장을 만드시오.

> **보기**
> 日本語は<u>習うと</u>、難しくなります。
> → 日本語は<u>習えば習うほど</u>難しくなります。

❶ お酒は<u>飲むと</u>、強くなります。
❷ 年を<u>とると</u>、体が弱くなります。
❸ 部屋が<u>きれいだと</u>、気分がよくなります。
❹ 品物は<u>高いと</u>、売れなくなります。

2 보기와 같이 밑줄 친 부분을 고쳐 문장을 만드시오.

> **보기**
> 芝生に<u>入ってはいけません</u>。
> → 芝生に<u>入らないようにしましょう</u>。

❶ 事務所で<u>さわいではいけません</u>。
❷ 夜遅く一人で<u>歩き回ってはいけません</u>。
❸ 事務所の電話を長く<u>使ってはいけません</u>。
❹ 人の迷惑になるようなことを<u>してはいけません</u>。

3 다음 문장을 일본어로 말하시오.

❶ 비싸고 사치스런 외국제품은 가급적 사지 않도록 합시다.
❷ 생활이 편리하면 편리해질수록 게을러지기 쉬운 것 같습니다.
❸ 평화스러운 남북통일은 우리들에게 결코 꿈이 아닙니다.
❹ 도심 속의 공원은 일에 지친 직장인들의 마음을 달래주는 곳입니다.

사치스런 : ぜいたくな
게을러지기 쉽다 : なまけがちだ
남북통일 : 南北統一(なんぼくとういつ)

문형확인문제

1. 번화한 곳이 되면 될수록, 집의 정원도 좁고 공기도 오염되어 있습니다.
　にぎやかな所になれ□な□家の庭も狭く、空気も汚れています。

2. 자동차에 치어 죽거나 하는 아이들의 수는 결코 적지 않습니다.
　自動車にひかれて死んだりする子供の数は、□少□。

3. 공원은 도시인의 놀이터이고, 마음을 달래주는 정원입니다.
　公園は都会の人の遊び場□、心を慰めてくれる庭□。

4. 공원을 더럽히지 않도록 합시다.
　公園を汚□。

5. 한국은 지하자원에 그다지 혜택받은 나라가 아닙니다.
　韓国は地下資源にあまり□国ではありません。

Unit 03

大（おお）きな駅（えき）

독해를 위한 어휘체크!

並(なら)ぶ 5自 줄서다	声(こえ) 목소리, 소리	お茶(ちゃ) 차
待(ま)つ 5他 기다리다	止(と)まる 5自 멈추다	売(う)る 5他 팔다
洋服(ようふく) 양복 「↔和(わ)服(ふく)」	忘(わす)れ物(もの) 분실물	発車(はっしゃ) 발차
和服(わふく) 일본의 전통의상	出入口(でいりぐち) 출입구	～でございます ～입니다
荷物(にもつ) 짐, 화물	開(あ)ける 1他 열다, 벌리다	見送(みおく)る 5他 전송하다
まもなく 副 곧, 얼마후	聞(き)こえる 1自 들리다	さがる 5他 물러서다, 내려가다
一番線(いちばんせん) 1번선	あとから 뒤이어서	さようなら 感 잘 가세요, 잘 계세요
上(のぼ)り 상행(열차)	～はじめる 하기 시작하다	大事(だいじ)な な形 소중한, 귀중한
上(のぼ)り急行(きゅうこう) 상행급행	乗(の)りはじめる 타기 시작하다	おたがいに 상호간에, 서로
東京行(とうきょうゆ)き 동경행	赤帽(あかぼう) 짐꾼, 포터	駅長(えきちょう) 역장
まいる 5自 오다 (「来る」의 겸양어)	売(う)り子(こ) (신문 등을)파는 아이	上(あ)げる 1他 들다, 올리다
危険(きけん) 위험	歩(ある)く 5自 걷다	合図(あいず) 신호
白線(はくせん) 흰 선	客(きゃく) 손님	～だす ～하기 시작하다
内側(うちがわ) 안 쪽	運(はこ)ぶ 5他 운반하다, 옮기다	動(うご)きだす 움직이기 시작하다
スピーカー 스피커 speaker	弁当(べんとう) 도시락	

03 大きな駅

　ここは大きな駅です。人がおおぜい並んで電車を待っています。洋服を着た人もいます。和服を着た人もいます。大きな荷物を持った人もいます。
　「まもなく一番線に、上り急行東京行きがまいります。危険ですから、白線の内側でお待ちください。」
　とスピーカーから大きな声がしてきます。
　電車が止まりました。
　「お忘れ物のないように。お乗りのかたは出入口を広く開けて、降りるかたが済んでからお乗りください。」
　という声が聞こえてきます。人があとからあとから降りてきました。待っていた人も乗りはじめました。

赤帽や売り子が、いそがしそうに歩いています。赤帽というのは、赤い帽子をかぶっていて、客の荷物を運ぶ人です。売り子というのは、駅で弁当やお茶や新聞や雑誌を売っている人です。
　「まもなく、発車でございます。お見送りのかたは、危険ですから、白線までさがってください。」
　という声が聞こえてきます。
　「さようなら。お大事に。」
　見送る人も見送られる人も、おたがいにあいさつをしています。駅長が手を上げて合図をしました。
　電車は静かに動きだしました。

(『日本語読本』(国際学友会)1より)

편집자 주

지금은 빨간모자와 같은 짐꾼은 역에서 볼 수 없습니다. 간혹 백화점 등에서 짐을 대신 들어주는 도우미 서비스의 하나로 빨간모자라고 부르는 경우가 있긴 한데 여기서 유래된 것이 아닌가 생각됩니다.

　본문을 읽고 다음 질문에 답해 보세요.

1　この駅で電車を待っている人の中には、どんな人がいますか。
2　電車に乗るのを待っている人は、どのようにして乗るのがよいでしょうか。
3　「赤帽」とはどんな人のことですか。また、「売り子」はどんな仕事をする人ですか。
4　あなたは電車の中で何か失敗したことはありますか。
5　バスと地下鉄とでは、どちらが便利だと思いますか。それは、なぜですか。
6　あなたはこれまで、電車の中で迷惑な人を見たことがありますか。

문형다지기

1. 動 ～た 名 ～한

상태성 동사 및 순간동사는 「～た」형으로 「～ている」와 같이 뒤의 명사를 꾸며준다.

- あそこの金ぶち眼鏡をかけた人は山田さんです。
  저기 금테 안경을 쓴(쓰고 있는) 사람은 야마다 씨입니다.

- うちのクラスにはふとった人もやせた人もいます。
  우리 학급에는 뚱뚱한 사람도 (있고) 야윈 사람도 있습니다.

- 汚れた服をきれいなのに着替えました。
  더러운 옷을 깨끗한 것으로 갈아입었습니다.

  [비교] これはきのうデパートで買ったネクタイです。 이것은 어제 백화점에서 산 넥타이입니다.

2. お＋動 ～(ます)＋ください ～해 주십시오 〈경어〉

「お＋(ます)＋ください」는 '～해 주십시오'에 해당하는 말로 공손하게 부탁할 때 쓴다.

- 降りるかたが済んでからお乗りください。 내리는 분이 다 내리고 나서 타 주십시오.
- お名前は漢字でていねいにお書きください。 성함은 한자로 정확하게 써 주십시오.
- どうぞ、中へお入りください。 자, 안으로 들어가 주십시오.

  → 「ていねい」는 '공손하다', '정중하다'라는 뜻 외에 「정성껏 주의를 기울여 하다」라는 뜻도 있다.

  [비교] 名前は漢字でていねいに書け。 써라, 써.
  名前は漢字でていねいに書きなさい。 쓰시오.
  名前は漢字でていねいに書いてください。 써 주세요.

3. 動 ～(ます)＋はじめる / 動 ～(ます)＋だす ～하기 시작하다

「～はじめる」는 단순한 동작이나 변화의 시작을 나타내고, 「～だす」는 갑자기 변화 등이 일어남을 뜻하는데, 「きゅうに」(갑자기), 「いきなり」(별안간) 등의 부사가 앞에 오는 경우가 많다.

- わたしは昨年から日本語を習いはじめました。 나는 작년부터 일본어를 배우기 시작했습니다.
- 先週からさくらの花が咲きはじめました。 지난 주부터 벚꽃이 피기 시작했습니다.
- 10分ほど前からにわか雨が降りだしました。 10분쯤 전부터 소나기가 내리기 시작했습니다.
- この本はおもしろくて、読みだすとやめられません。
  이 책은 재미있어서 읽기 시작하면 그만둘 수 없습니다.

  [비교] もうがまんができなくなってふきだしてしまいました。 더 이상 참을 수 없어서 웃음을 터뜨려 버렸습니다.

4 お＋動～(ます)の名 ~하신(하실)~ 〈경어〉

동사의 ます형은 명사가 되므로 앞에 경어를 뜻하는 접두어 「お」를 붙이고 뒤에 오는 명사와는 「~の」로 연결하는 경어법이다.

- 運転免許をお持ちのかたは申し込んでください。
  운전면허를 가지신 분은 신청해 주세요..

- 3時までにお入りのかたにはプレゼントをさしあげます。
  3시까지 입장하시는 분께는 선물을 드립니다.

5 語句

声がする 소리가 나다, 들리다

★ 「声(こえ)」는 사람의 성대를 통해 나는 목소리를 뜻하며, 「音(おと)」는 그 밖의 소리를 뜻한다.

隣の部屋から若い女性の笑い声がしてきます。
옆 방에서 젊은 여인의 웃음소리가 들려옵니다.

音がする 소리가 나다, 들리다

車が止まる音がしたので出て行ってみました。
차가 멈추는 소리가 들리기에 나가 보았습니다.

あとからあとから 연이어서, 줄을 지어

不景気のためあとからあとから会社が倒産しています。
불경기 때문에 줄을 이어 회사가 도산하고 있습니다.

上り(列車) 상행(열차) ↔ **下り(列車)** 하행(열차)

地方から東京に向かって走る列車を上り列車といいます。
지방에서 동경을 향해 달리는 열차를 상행열차라고 합니다.

(東京)行き (동경)행   ★「東京行(い)き」라고도 읽음.

博多行きのフェリーは午後3時に出発します。
하카타행 페리는 오후 3시에 출발합니다.

お大事に 몸 조심하세요

お体をお大事にしてください。＝ お大事に。
몸을 소중히 해 주세요. = 몸 조심하세요.

셀프테스트

1 보기와 같이 문장을 만드시오.

> 보기
> 田中さんは黒いかばんを持っています。
> → 黒いかばんを持った人は田中さんです。

① 中村さんは赤いネクタイをしめています。
② 木村さんは白い帽子をかぶっています。
③ 上田さんは青い靴をはいています。
④ 川上さんはひげをはやしています。

2 보기와 같이 밑줄 친 부분을 고쳐 문장을 만드시오.

> 보기
> 白線の内側で待ってください。
> → 白線の内側でお待ちください。

① 彼に聞いたことを話してください。
② きょうは早く帰ってください。
③ さあ、まずおふろに入ってください。
④ みんな自分の席に戻ってください。

3 다음 문장을 일본어로 말하시오.

① 요즘은 야윈 사람보다 뚱뚱한 사람이 많은 것 같습니다.
② 희망하시는 분은 입장료를 내고 나서 들어가 주십시오.
③ 곧 회의를 시작하겠으니 모두들 자기 자리에 앉아 주세요.
④ KTX라는 것은 서울과 부산사이를 달리는 특급열차입니다.

앉다 : かける

문형확인문제

1. 양복을 입은 사람도 있습니다. 일본의 전통 의상을 입고 있는 사람도 있습니다. 커다란 짐을 들고 있는 사람도 있습니다.
洋服を着□人もいます。和服を着□人もいます。大きな荷物を持っ□人もいます。

2. 위험하오니, 흰 선의 안 쪽에서 기다려 주십시오.
危険ですから、白線の内側で□待ち□。

3. 기다리고 있던 사람들도 타기 시작했습니다.
待っていた人も乗り□。

4. 전송하시는 분은 흰 선까지 물러나 주십시오.
□見送り□かたは白線までさがってください。

5. 사람들이 연이어서 내려 왔습니다.
人が□降りてきました。待っていた人も乗りはじめました。

Unit 04

お月見(つきみ)

독해를 위한 어휘체크!

お月見(つきみ) 달놀이, 달구경	そろう 5自 다 모이다	集(あつ)まる 5自 모이다, 집합하다
咲(さ)く 5自 (꽃이)피다	一夜(いちや) 하룻밤	お月様(つきさま) 달님
お花見(はなみ) 꽃놀이, 꽃구경	楽(たの)しい い形 즐겁다	ごちそう 맛있는 음식
一年(いちねん)じゅう 일년 중	まんまるい い形 아주 둥글다	習慣(しゅうかん) 습관
中(なか)ごろ 중순경	姿(すがた) 모습, 자태	始(はじ)める 1他 시작하다
満月(まんげつ) 보름, 만월	現(あらわ)す 5他 나타내다	宴(うたげ) 연회
月見(つきみ)だんご 떡, 경단	あちらこちら 여기저기, 이곳저곳	詩(し) 시
こしらえる 1他 만들다	まるい い形 둥글다	楽(たの)しむ 5他 즐기다
えだまめ (가지채 꺾은) 풋콩	ぼん 쟁반	文学(ぶんがく) 문학
くり 밤	清(きよ)い い形 맑다	喜(よろこ)び 기쁨
かき 감	澄(す)む 5自 맑게 개다	悲(かな)しみ 슬픔
供(そな)える 1他 장만하다, 마련하다	光(ひかり) 빛, 광선	故郷(こきょう) 고향
花瓶(かびん) 꽃병	あたり 근처, 주위	恋(こい)しい い形 그립다
すすき 억새풀	照(て)らす 5他 비추다	自然(しぜん) 자연
揺(ゆ)れる 1自 흔들리다	畳(たたみ) 다다미(일본식 돗자리)	愛(あい)する 사랑하다
さす 5他 (꽃을)꽂다	影(かげ) 그림자	深(ふか)い い形 깊다
眺(なが)める 1他 바라보다	うつす 5他 비추다	生(う)まれる 1自 생기다, 태어나다
うちじゅう 온 가족, 집안 식구 모두	縁側(えんがわ) 툇마루	

04 お月見(つきみ)

　桜(さくら)の咲(さ)く春にお花見(はなみ)をする日本人は秋にはお月見(つきみ)をします。

　秋は一年(いちねん)じゅうでいちばん月(つき)の美しい季節(きせつ)です。九月の中(なか)ごろの満月(まんげつ)の晩(ばん)には月見(つきみ)だんごをこしらえ、えだまめ、くり、かきなどを供(そな)え、花瓶(かびん)にはすすきやそのほか秋の草花をさして、月を眺(なが)めながらうちじゅうそろって一夜(いちや)を楽(たの)しく過(す)ごすのです。

　月が山の上にまんまるい美しい姿(すがた)を現(あらわ)すと、あちらこちらから、

「出た出た月が　まるいまるいまんまるい　ぼんのような月が」と歌う子供の声が聞こえてきます。空は水のように清(きよ)く澄(す)み、明るい月の光(ひかり)はあたりを照(て)らします。涼(すず)しい風に、花瓶のすすきが揺(ゆ)れて、畳(たたみ)の上をうつします。みんなは縁側(えんがわ)に集(あつ)まって、お月様(つきさま)を見ながらごちそうを食べます。

お月見の習慣は平安朝時代^{注1)}から始められました。そして、そのころから、満月の夜は月見の宴を開いて、詩や歌を作ったり音楽を楽しんだりして遊んできました。

　また、日本の文学、特に和歌^{注2)}や俳句^{注3)}には、月を見て喜びや悲しみの心をうたったものがたくさんあります。遠い外国に行っている人も、月のよい晩には特に故郷が恋しくなるものです。

　桜が咲けば、お花見をし、月がよければお月見をする習慣は、日本人の自然を愛する心の深いところから生まれたものであります。

　桜の花の咲く限り、月の光の輝く限り、日本人はお花見やお月見を忘れないでしょう。

（『日本語読本』(国際学友会)2より）

注1) 平安朝（へいあんちょう）時代（じだい）：桓武天皇（かんむてんのう）の平安(今の京都)遷都（せんと）から鎌倉幕府（かまくらばくふ）の成立まで平安時代約400年間における朝廷。
注2) 和歌（わか）：漢詩に対して、上代から行われた定型の歌。5・7・5・7・7の31字からなる。
注3) 俳句（はいく）：俳諧の句。こっけいな句。5・7・5の17字を定型とする短い詩。

본문을 읽고 다음 질문에 답해 보세요.

1　日本人は、春にはなにをして、秋にはなにをしますか。
2　秋のいつお月見をしますか。
3　お月見のとき、だんごのほかにどんなものを供えますか。
4　日本では、お月見の習慣はいつごろからありましたか。
5　韓国では秋夕のとき、どうやって過ごしますか。
6　韓国では春にはどんな行事がありますか。

문형다지기

1. 動 ~るものです ~하는 법입니다

여기서 「~もの」는 「~ものだ」, 「~ものです」 형으로 사용되어 '당연하다'라는 뜻이나 감탄의 뜻을 나타낸다.

- 子供って、なにかほしい時はうそもいうものです。
  아이들이란 무엇인가 갖고 싶을 때는 거짓말도 하는 법입니다.

- 作文が上手にできれば、会話も上手になるものです。
  작문을 잘하면 회화도 잘하게 되기 마련입니다.

- むだづかいをすると、生活は豊かにならないものです。
  낭비를 하면 생활은 여유로워지지 않는 법입니다.

2. 動 ~(れ)ば / い形 ~ければ ~하면

「~ば」는 가정 및 조건을 나타내는 조사로서, 주로 객관적인 표현에 많이 사용된다.

- 一生懸命勉強すれば上手になるはずです。
  열심히 공부하면 틀림없이 잘하게 될 것입니다.

- 寒ければ戸をしめてもいいです。
  추우면 문을 닫아도 좋습니다.

3. 動 ~る(ない)限り ~하는(하지 않는) 한

시간이나 경우 등의 조건을 분명히 내세우는 말로서, '~하는 동안에는'이라는 뜻이다.

- どんなことでも最善をつくす限り、不可能なことはありません。
  어떤 일이라도 최선을 다하는 한, 불가능한 일은 없습니다.

- むだづかいを続ける限り、生活は豊かになりません。
  낭비를 계속하는 한, 생활은 풍요로워지지 않습니다.

- 一生懸命勉強しない限り、試験には受かりません。
  열심히 공부하지 않는 한, 시험에는 합격하지 못합니다.

4 動 **〜る(ない)でしょう**　～ 할(하지 않을) 것입니다

「〜でしょう」는 화자의 추측을 나타내거나, 상대방에게 동의를 구할 때 사용하는 조동사인데, 여기서는 추측을 나타낸다.

- 国民の意識が変わらない限り、経済発展は期待できないでしょう。
  국민들의 의식이 바뀌지 않는 한, 경제발전은 기대할 수 없을 것입니다.

- お酒やたばこをやめない限り、長生きはしないでしょう。
  술이나 담배를 끊지 않는 한, 오래 살지 못할 것입니다.

- 一生懸命勉強したら、試験に受かるでしょう。
  열심히 공부하면, 시험에 붙을 것입니다.

셀프테스트

1 보기와 같이 문장을 만드시오.

> **보기** （月の光の輝く）・（お月見を忘れない）
> → 月の光の輝く限り、お月見を忘れないでしょう。

① （雨が降る）・（飛行機は飛ばない）
② （雪が降る）・（花は咲かない）
③ （たばこを吸う）・（健康にならない）
④ （まじめに働かない）・（豊かにならない）

2 보기와 같이 문장을 만드시오.

> **보기** （詩を作る）・（音楽を楽しむ）
> → 詩を作ったり音楽を楽しんだりして過ごしました。

① （音楽を聴く）・（小説を読む）
② （洗濯をする）・（買い物をする）
③ （ビールを飲む）・（テレビを見る）
④ （手紙を書く）・（電話をかける）

3 다음 문장을 일본어로 말하시오.

① 남자란 일이 잘 되지 않을 때는 한잔하고 싶어지는 법입니다.
② 요즘 아이들은 텔레비전을 보거나 게임을 하면서 놉니다.
③ 정치인이 정직하지 않는 한, 민주사회는 건설되지 않습니다.
④ 시조(時調)란 서민들의 기쁨과 슬픔을 노래한 것입니다.

한잔하다 :
一杯(いっぱい)飲(の)む

시조 : 時調(じちょう)
서민 : 庶民(しょみん)

문형확인문제

1. 낭비를 하면 생활은 여유로워지지 않는 법입니다.
   むだづかいをすると、生活は豊(ゆた)かにならない ____ 。

2. 열심히 공부하면 틀림없이 잘하게 될 것입니다.
   一生懸命(いっしょうけんめい)勉強すれ ____ 上手になるはずです。

3. 열심히 공부하지 않는 한, 시험에는 합격하지 못합니다.
   一生懸命勉強しない ____ 、試験(しけん)には受(う)かりません。

4. 술이나 담배를 끊지 않는 한, 오래 살지 못할 것입니다.
   お酒やたばこをやめない限り、長生(ながい)きはしない ____ 。

Unit 05

わらいばなし

 독해를 위한 어휘체크!

わらいばなし(笑い話) 우스개 이야기	やつ 녀석, 놈	釘(くぎ) 못
ある 어느, 어떤	そんな 그런, 그러한	鉄(てつ) 철, 쇠
寺(てら) 절	～とは 助 ～하다니	返事(へんじ) 대답, 답장
小僧(こぞう) 꼬마 중	情(なさ)けない い形 한심하다	あいにく 副 마침, 공교롭게
夜(よ)ふけ 한밤중, 심야	とど(届)く 5自 닿다, 이르다	ほか 다른 곳
竹(たけ)ざお 장대, 대막대기	屋根(やね) 지붕	帰(かえ)す 5他 돌려보내다
振(ふ)り回(まわ)す 5他 휘두르다	上(あ)がる 5自 올라가다, 오르다	怒(おこ)る 5自 화내다, 성내다
坊(ぼう)さん 스님	けちんぼう 구두쇠	なんて 副 어쩌면, 정말로
いったい 副 도대체	隣(となり) 이웃, 옆집	世(よ)の中(なか) 세상
たずねる 1他 묻다	隣(とな)り合(あ)う 5自 서로 이웃하다	けちな な形 인색한
ほしい い形 갖고 싶다, 탐나다	一方(いっぽう) 한 쪽, 한 쪽	うそ 거짓, 거짓말
打(う)つ 5他 치다, 박다	金(かな)づち 쇠망치	うそをつく 거짓말을 하다
落(お)とす 5他 떨어뜨리다, 내리다	借(か)りる 1他 빌리다	断(ことわ)る 5他 거절하다
打(う)ち落(お)とす 쳐서 떨어뜨리다	使(つか)い 심부름꾼, 심부름	傷(いた)む 5自 상하다, 상처나다
～けれど 助 ～하지만, ～이지만	使(つか)いの者(もの) 머슴	惜(お)しい い形 아깝다
答(こた)える 1自 대답하다	行(い)かせる 보내다 「行く」의 사역형	しかたがない 할 수 없다, 어쩔 수 없다
すると 接 그러자, 그러면	頼(たの)む 5他 부탁하다	出(だ)す 5他 꺼내다, 끄집어 내다
ばか(馬鹿)な な形 바보스러운	貸(か)す 5他 (남에게) 빌려주다	

05 わらいばなし

（一）

　ある寺の小僧が夜ふけに庭に出て、長い竹ざおを振り回している。坊さんがそれをみて、

「いったい何をしているのか。」

とたずねると、小僧は、

「空の星がほしいので、打ち落とそうとしていますけれど、なかなか落とせません。」

と答えた。すると、坊さんはこう言った。

「ばかなやつだ。そんなことがわからないとは情けない。そんなところからとどくものか。屋根へ上がれ。」

（二）

　むかしむかし、二人のけちんぼうが隣り合って住んでいました。ある日、一方の主人が金づちを借りに使いの者を隣へ行かせました。使いの者は隣へ行って頼みました。

「すみませんが、金づちを貸していただけませんか。ちょっと釘が打ちたいのですが。」

「はい。はい。それで、その釘は木の釘ですか、鉄の釘ですか。」

「鉄の釘です。」

この返事を聞くと、隣の主人は、

「あいにく、今ちょうど金づちはほかへ貸してあります。」

と言って、使いの者を帰しました。使いの者がうちに帰ってこの話をすると、主人は怒って言いました。

「なんて世の中にはけちな人がいるんだろう。木の釘か鉄の釘かとたずねて、鉄の釘だとわかったら、うそをついて断った。金づちが傷むかと思ったら、貸すのが惜しくなったのだ。しかたがない。それでは、うちの金づちを出して使おう。」

　（一）(『日本語読本』(国際学友会)2より)
　（二）(『外国人のための日本語読本』(文化庁)初級3より)

본문을 읽고 다음 질문에 답해 보세요.

1　寺の小僧が夜ふけに庭に出て何をしていますか。
2　ある日、けちんぼうの主人は、何をするために使いの者を隣へ行かせましたか。
3　（一）の話のおもしろいところはどこですか。
4　（二）の話のおもしろいところはどこですか。
5　もしも一つだけ願がかなうなら、どんなことをお願いしますか。
6　あなたはこれまでに、どんなうそをついたことがありますか。

문형다지기

1 名 がほしい　~을 갖고 싶다

「ほしい」는 '탐나다'는 뜻의 형용사로, 그 대상에 따라 '소유하고 싶다', '있으면 좋겠다' 등으로 해석할 수 있다. 「~がほしい(×をほしい)」 형태로 쓴다.

- わたしはデジタルカメラ（デジカメ）がほしいです。　나는 디카를 갖고 싶습니다.
- わたしはお金はあまりほしくありません。　저는 돈은 별로 갖고 싶지 않습니다.
- もう２、３日時間がほしいです。　2, 3일 더 시간이 있으면 좋겠습니다.

2 動 ~ますけれど(も)　~합니다만

「~けれども」는 종지형 「~ます」나 「~です」 등에 접속하는 조사로서, 접속사 「しかし」, 「けれども」로 연결된 두 문장을 한 문장으로 이어 준다. 「けれど」 또는 「けど」로 줄여 쓰는 경우가 많다.

- 毎晩遅くまで勉強しますけれど、成績は上がりません。
  매일 밤 늦게까지 공부합니다만, 성적은 오르지 않습니다.
- 日曜日にも会社へ行きますけれど、手当はもらえません。
  일요일에도 회사에 나가지만, 수당은 못받습니다.

3 動 ~る(ない)とは　~해(하지 않)다니

「~とは」는 '~하다니'에 해당하는 말로서, 「~と」를 강조하는 어법이다.

- 12時すぎまでに帰ってこないとは情けない。　12시 넘게까지 돌아오지 않다니 기가 막히는군.
- 約束しておきながら時間を守らないとは何ごとか。　약속해 놓고서 시간을 지키지 않다니 무슨 짓이냐?
- インターネットなんかして夜を明かすとは情けない。　인터넷 따위를 하면서 밤을 새우다니 한심하군.

4 動 ~るものか　~할 법이나 하느냐 〈반문〉

「~ものか」는 상대의 말이나 생각에 대해 그럴 리가 없다고 강하게 부정할 때 사용한다.
회화체에서는 「~もんか」「~もの(もん)ですか」로도 쓴다.

- 薬を一度飲んだだけでかぜが治るものか。　약을 한 번만 먹고서 감기가 나을 수 있겠느냐.
- ２，３ヵ月習って外国語が上手になるものか。　2,3개월 배워서 외국어를 잘 할 수 있겠느냐.
- うそつきの言うことなど信用するものか。　거짓말쟁이가 하는 말 따위 신용할 것 같으냐.

5. 動 ～れ ～하라 〈명령형〉

명령형은 친밀한 관계의 손아래 사람이 아니면 사용할 수 없으며 보통 「～てください」를 사용한다.

- 軍隊で：中村、一行目から十行目までを大きい声で読め。
  군대에서 : 나카무라, 첫째 줄부터 열째 줄까지 큰 소리로 읽어라.
- 父→息子：自分のことは自分でしろ。
  아버지 → 아들 : 자기 일은 자기가 해.
- 男の先輩→後輩：時間があったら、来年もう一度来いよ。
  남자 선배 → 후배 : 시간이 있으면, 내년에 한번 더 오너라.

6. 動 ～(よ)う ～하자

「～う」,「～よう」는 의지나 권유를 나타낸다. 공손한 말투는 「～ましょう」이다.

- あしたは忙しくなるから、レポートはきょう書こう。 내일은 바빠질 테니까, 리포트는 오늘 써야지.
- 時間があったら、来年もう一度来よう。 시간이 있으면, 내년에 다시 한번 와야지.
- もう12時すぎだから、早く寝よう。 벌써 12시가 넘었으니까, 빨리 자자.

7. 複合名詞

복합명사의 유형에는 여러가지가 있는데 동사가 연결될 때는 ます형으로 쓰고, 앞·뒤 음에 따라 탁음화되거나 음이 달라지기도 한다.

- 夜ふけ ← 夜＋ふけ(ます) 한밤중
- 竹ざお ← 竹＋さお 대막대기
- 金づち ← 金＋つち 쇠망치
- 読み書き ← 読み(ます)＋書き(ます) 읽고 쓰기

8. 語句

うそをつく 거짓말을 하다

いくら困ったことがあってもうそをついてはいけません。
아무리 곤란한 일이 있더라도 거짓말을 해서는 안 됩니다.

なんて 어쩌면, 정말로

なんてあんなに無責任なことをいうんだろう。 어쩌면 저렇게 무책임한 말을 할 수 있을까.

셀프테스트

1 보기와 같이 밑줄 친 부분을 고쳐 문장을 만드시오.

> 보기: それではうちの金づちを<u>使いましょう</u>。
> → それではうちの金づちを<u>使おう</u>。

① あしたもう一度<u>行きましょう</u>。
② 来年からいっしょに日本語を<u>習いましょう</u>。
③ 午後3時までには<u>帰ってきましょう</u>。
④ 暇ならいっしょにテニスでも<u>しましょう</u>。

2 보기와 같이 밑줄 친 부분을 고쳐 문장을 만드시오.

> 보기: 屋根へ<u>上がりなさい</u>。
> → 屋根へ<u>上がれ</u>。

① 外国語は文法より会話から<u>習いなさい</u>。
② 大事な会議があるから早く<u>帰りなさい</u>。
③ 父さんが病気だから早く<u>帰ってきなさい</u>。
④ つまらないから、そのへんで<u>やめなさい</u>。

つまらない : 재미없다

3 다음 문장을 일본어로 말하시오.

① 대학생이 이렇게 쉬운 말도 모르다니 정말로 한심하구나.
② 카메라를 갖고 싶어 사려고 하는데, 어느 것이 좋을까요?
③ 미안하지만 시청으로 가는 길을 가르쳐 주시지 않겠습니까?
④ 어쩌면 이상한 이야기일지도 몰라.

시청 : 市役所(しやくしょ)
이상함 : 不思議(ふしぎ)

문형확인문제

1. 하늘에 있는 별을 갖고 싶어서, 따려고 합니다만, 좀처럼 딸 수가 없습니다.
   空の星が ☐ ので、打ち落とそうとしていますけれど、なかなか落とせません。

2. 그런 것을 모르다니 한심하군.
   そんなことがわから ☐ 情けない。

3. 그런 곳에서 닿을 법이나 하겠느냐. 지붕에 올라가거라.
   そんなところからとどく ☐ 。屋根へ ☐ 。

4. 그렇다면, 우리 쇠망치를 꺼내어 쓰자.
   それでは、うちの金づちを出して ☐ 。

5. 아무리 곤란한 일이 있더라도 거짓말을 해서는 안 됩니다.
   いくら困ったことがあっても ☐ いけません。

Unit 06

お金のあな
かね

독해를 위한 어휘체크!

あな 구멍	溶(と)かす 5他 녹이다	考(かんが)える 1他 생각하다
金(きん) 금	いがた 주물	丸(まる)い い形 둥글다
銀(ぎん) 은	流(なが)す 5他 흘리다, 흘려보내다	ぐるぐる 副 빙글빙글
銅(どう) 동	流(なが)しこむ 5他 부어넣다	回(まわ)る 5自 돌다
金貨(きんか) 금화	どうしても 副 아무리 해도	うまく 副 잘, 멋지게
銀貨(ぎんか) 은화	まわり 둘레, 주위, 가장자리	つまり 接 즉
銅貨(どうか) 동화	そこで 接 그래서	必要(ひつよう) 필요
どれにも 어느 것에도, 모두다	しあげる 1他 마무리하다	わけ ~셈, 사정, 현상
みな 모두	~ために ~(하기)위하여	たたく 5他 두드리다, 치다
真(ま)ん中(なか) 한 가운데	やすり 줄(공구)	うすい い形 얇다
四角(しかく)な な形 사각(형)의	磨(みが)く 5他 광을 내다, 닦다	伸(の)ばす 5他 늘이다
※ "四角な"보다 "四角い"를 자주 사용한다.	一枚(いちまい) 한 장	ですから 接 그래서
あく 5自 뚫리다, 틈이 생기다	あける 1他 (구멍을) 뚫다	したがって 接 따라서
今(いま)から 지금부터	棒(ぼう) 막대기	要(い)る 5自 필요하다
大(おお)きさ 크기	通(とお)す 5他 꽂다, 통과시키다	転(ころ)がる 5自 구르다
造(つく)りかた 제조방법, 만드는 법	まとめる 1他 합치다, 통합하다, 정리하다	なん枚(まい)も 몇 장이나
原因(げんいん) 원인	一度(いちど)に 副 한꺼번에	重(かさ)ねる 1他 겹치다, 포개다

06 お金のあな

　昔のお金は金や銀や銅で造りました。金で造ったお金を金貨、銀で造ったお金を銀貨、銅で造ったお金を銅貨といいます。

　日本の昔の銅貨には、どれにもみな真ん中に四角なあながあいています。日本ではじめてお金が造られたのは、今から1300年ほど前のことです。そのいちばんはじめの銅貨も、江戸時代[注1]のいろいろな銅貨も、形や大きさは違っていますがみな四角なあながあいています。なぜどれにも四角なあながあいているのでしょう。それは銅貨の造りかたに原因があるのです。

　昔は、銅を溶かして、いがたのなかに流しこんで、お金を造りました。しかし、この造りかたでは、どうしてもお金のまわりがきれいになりません。そこで、お金のまわりをきれいにしあげるためには、やすりで磨かなければならなか

注1) 江戸時代(えどじだい)：徳川家康(とくがわいえやす)が1603年幕府(ばくふ)を江戸(えど)に開いた頃から、1867年徳川慶喜(とくがわよしのぶ)の大政奉還(たいせいほうかん)に至るまで約260年間の称。徳川時代(とくがわじだい)。近世。

ったのです。たくさんのお金を一枚ずつ磨くのはたいへんですから、お金にあなをあけ、そのあなに棒を通して、百枚ぐらいずつまとめて一度に磨くことを考えました。ところが、丸いあなでは、お金がぐるぐる回ってうまく磨くことができません。そこで、お金のあなを四角にし、そこへ四角な棒を通して磨きました。そうすると、お金が動かないので、うまく磨くことができたのです。つまり、お金のまわりを磨いて、きれいに早くしあげるためには、四角なあなが必要だったわけです。

　金貨は、金をたたいて、一枚ずつうすく伸ばして造りました。ですから、まわりを磨く必要もなく、したがって、あなも要りませんでした。

　銀貨は、銅貨と同じようにいがたで造りましたが、銅貨に比べると数も少なかったし、それに、銀貨はたいてい四角でしたから、転がることもなく、なん枚も重ねて一度に磨くことができました。それで、棒を通すあなも要らなかったわけです。

（『外国人のための日本語読本』(文化庁)初級6より）

 본문을 읽고 다음 질문에 답해 보세요.

1　今のお金は紙で造られていますが、昔のお金は何で造られていましたか。
2　日本で今から何年ほど前に、はじめてお金が造られましたか。
3　金貨、銀貨、銅貨のうち、あながあいていたのはどれでしょうか。
4　銅貨は、なぜどれにも四角なあながあいているのでしょう。
5　韓国のお金の種類は、どんなものがありますか？
6　「お金が一番大事だ」という人もいます。あなたはどう思いますか？

문형다지기

1. はじめて 動 〜たのは 처음으로 〜한 것은

「はじめて」는 '처음으로'라는 뜻의 부사이며, 「〜たのは」는 「〜ましたのは」의 보통체이다.

- はじめて恋人ができたのは、いつですか？
  처음으로 애인을 사귄 것은 언제입니까?

- 彼女にはじめて会ったのは、大学時代のことです。
  그녀를 처음 만난 것은, 대학시절의 일입니다.

- 外国へはじめて行ったのは、2010年のことです。
  외국에 처음으로 나간 것은, 2010년의 일입니다.

2. 名 では 〜(으)로는 〈수단〉

「〜で」는 여기서 수단이나 도구를 나타낸다.

- 丸いあなでは、うまく磨くことができません。
  둥근 구멍으로는 쉽게 줄질을 할 수가 없습니다.

- 今の道路事情では、交通問題は解決できません。
  지금의 도로사정으로는 교통문제는 해결할 수 없습니다.

- 文法中心の外国語教育では、役に立ちません。
  문법중심의 외국어 교육으로는 도움이 되지 않습니다.

3. 動 〜る(ない)ためには 〜하(하지 않)기 위해서는

「〜ために」는 '〜(하기) 위하여'의 뜻으로 목적을 나타낸다.

- ことばの意味を知るためには、辞書を引かなければなりません。
  단어의 뜻을 알기 위해서는, 사전을 찾아보지 않으면 안 됩니다.

- 長生きするためには、お酒とたばこをやめなければなりません。
  오래 살기 위해서는, 술과 담배를 끊지 않으면 안 됩니다.

- 上司にきらわれないためには、まじめに働かなければなりません。
  상사에게 미움 받지 않기 위해서는, 성실히 일해야 합니다.

4 ～たわけです　～이었(던 것)입니다

「～わけ」는 여러 가지 뜻을 갖는 형식명사로서, 여기서는 「～たわけだ」형으로, '～한 셈이다', '～한 것이다'라는 뜻이다.

- それでも、自分では精一杯働いてきたわけです。
  그래도 나로서는 힘껏 일해온 셈입니다.

- それで、棒を通すあなも要らなかったわけです。
  그래서 막대기를 꽂을 구멍도 필요 없었던 것입니다..

- これで一通り勉強したわけです。
  이로써 진도는 다 나간 셈입니다.

「わけ」의 쓰임새는 매우 다양한데, 그 주요 기능은 다음과 같다.

결과에 대한 이유나 사정

- 会社を休むときはわけをいってください。 회사를 쉴 때는 사정을 말해 주세요.

～というわけではない ～라는 것은 아니다

- あなたひとりが悪いというわけではありません。 당신 혼자가 나쁘다는 것은 아닙니다.

도리(「わかる」와 함께 쓰이는 경우가 많다.)

- 訳のわからない人。 도리를 잘 모르는 사람.

～わけには いかない 할 수는 없다

- あした試験だから、遊んでいるわけにはいきません。 내일 시험이라서, 놀고 있을 수는 없습니다.

5 語句

あなをあける　구멍을 뚫다

ねずみが壁にあなをあけてしまった。 쥐가 벽에 구멍을 뚫어 놓아 버렸다.

あながあく　구멍이 뚫리다

知らないうちに靴下にあながあいていました。 모르는 사이에 양말에 구멍이 나 있었습니다.

お金のあな　41

셀프테스트

1 보기와 같이 문장을 만드시오.

> 보기
> 大学時代にはじめて彼女に会いました。
> → 彼女にはじめて会ったのは、大学時代のことです。

① 10年前にはじめて外国へ行きました。
② 高校時代にはじめてたばこを吸いました。
③ 大学に入る前にはじめてお酒を飲みました。
④ 1960年代にはじめてセマウル運動がはじまりました。

2 보기와 같이 밑줄 친 부분을 고쳐 문장을 만드시오.

> 보기
> 自分は精一杯働いてきました。
> → 自分は精一杯働いてきたわけです。

① 彼は自分でできることはしました。
② 60年代に比べると、経済は著しく発展しました。
③ それはわたしとしては最善の選択でした。
④ 昨年の冬は今年よりずっと寒かったです。

3 다음 문장을 일본어로 말하시오.

① 한국에 처음으로 철도가 생긴 것은 20세기 초의 일입니다.
② 살기 좋은 나라를 만들기 위해서는 모두가 열심히 일하지 않으면 안 됩니다.
③ 이번 입시부정사건은 잘못된 사고방식에 그 원인이 있습니다.
④ 한식과 일식은 조리법은 물론이고, 먹는 법도 다릅니다.

현저하다,두드러지다 :
著(いちじる)しい

입시부정사건 :
入試不正事件
(にゅうしふせいじけん)

조리법 : 作(つく)りかた

문형확인문제

1. 일본에서 처음으로 돈이 만들어진 것은, 지금부터 1300년쯤 전의 일입니다.

   日本で _____ お金が造られ _____ 、今から1300年ほど前のことです。

2. 이러한 제작 방법으로는 아무리 해도 돈의 가장자리가 깨끗하게 되지 않습니다.

   この造りかた _____ 、どうしてもお金のまわりがきれいになりません。

3. 돈의 가장자리를 깨끗하게 마무리하기 위해서는 줄질을 하지 않으면 안 되었던 것입니다.

   お金のまわりをきれいにしあげる _____ 、
   やすりで磨かなければならなかったのです。

4. 돈의 가장자리를 깨끗하게 빨리 마무리하기 위해서는, 사각형의 구멍이 필요했던 것입니다.

   お金のまわりをきれいに早くしあげるためには、四角なあなが必要だった _____ 。

Unit 07

日本の国土(こくど)

독해를 위한 어휘체크!

国土(こくど) 국토	平野(へいや) 평야	農作物(のうさくもつ) 농작물
高(たか)さ 높이	島国(しまぐに) 섬나라	(=のうさくぶつ)
こえる 1自 넘다, 초과하다	～でも 助 ～이더라도	適(てき)する 적합하다, 알맞다
珍(めずら)しい い形 진기하다, 드물다	イギリス 영국	土(つち) 흙
いたる 5自 이르다, 닿다	なだらかな な形 가파르지 않은, 완만한	与(あた)える 1他 주다, 부여하다
いたるところ 가는 곳마다, 여기저기	さらに 接 더욱이	恵(めぐ)み 혜택, 베풂
ことに 副 특히	火山(かざん) 화산	川(かわ) 강
険(けわ)しい い形 험하다	今(いま)でも 지금도	急流(きゅうりゅう) 급류
これら 이들, 이것들	活動(かつどう) 활동	洪水(こうずい) 홍수
山々(やまやま) 산들	爆発(ばくはつ) 폭발	利用(りよう)する 이용하다
日本(にほん)アルプス 일본 알프스	災害(さいがい) 재해	流(なが)れ 흐름
屋根(やね) 지붕	温泉(おんせん) 온천	急(きゅう)な な形 급한
呼(よ)ばれる 불리워지다 (「呼ぶ」의 수동형)	～をはじめ ～을 비롯하여	土地(とち) 토지
～とも 助 ～라고도	言(い)える 말할 수 있다 (「言う」의 가능동사)	引(ひ)く 5他 끌다, 당기다
このように 이처럼	国立公園(こくりつこうえん) 국립공원	ダム 댐
いっぽう(一方) 한편	大部分(だいぶぶん) 대부분	水力発電(すいりょくはつでん) 수력발전
農業(のうぎょう) 농업	谷(たに) 계곡, 골짜기	行(おこな)う 5他 행하다
工業(こうぎょう) 공업	湖(みずうみ) 호수	点(てん) 점

07 日本の国土

　日本の山は高さ2000メートルをこえるものが珍しくありません。1000メートルぐらいの山なら、日本のいたるところにあります。ことに本州の中央には高くて険しい山が多く、これらの山々は日本アルプスと呼ばれ、また「日本の屋根」とも言われています。

　このように日本には山が多く、いっぽう、農業や工業などに都合のよい平野はひじょうに少ないのです。

　同じ島国でも、イギリスは低くてなだらかな山が多く、いちばん高い山でも、1300メートルぐらいです。

　さらに、日本の山には、火山が多く、浅間山注1)、三原山注2)のように、今でも活動しているものもあります。火山が爆発して、災害が起きることもあります。し

注1) 浅間山(あさまやま)：長野県群馬県(ながのけんぐんまけん)にまたがる三重式の活火山(かっかざん)。海抜(かいばつ)2560メートル。
注2) 三原山(みはらやま)：伊豆大島(いずおおしま)にある複式成層活火山。海抜758メートル。

かし、日本に温泉がたくさんあるのは、火山があるからです。また富士山[注3]をはじめ、姿の美しい山が多いのも、火山のおかげだと言えるでしょう。

日本の国立公園は、大部分が海と火山の多いところにあり、そこの谷や湖の美しさも火山の活動で生まれたものが多いのです。火山は、また農作物に適した土も作りました。これも自然が日本に与えてくれた恵みの一つと言えるでしょう。

日本は、国土が狭く、山が多いので、日本の川には急流が多く、あまり長いものや大きいものはありません。日本の川は洪水を起こしやすく、また交通のためにはあまり利用できません。

しかし、流れが急なので、水を低い土地に引いて、農業に利用したり、ダムを造って、水力発電を行うのにたいへん便利です。日本は、この点ではひじょうに恵まれています。

(『外国人のための日本語読本』(文化庁)初級7より)

注3) 富士山(ふじさん)：静岡(しずおか)・山梨県(やまなしけん)の境(さかい)にそびえている日本一の 高山。富士火山帯にあり、休火山(きゅうかざん)。立山(たてやま)・白山(はくさん)と共に日本三名山の 一つ。海抜3776メートル。

본문을 읽고 다음 질문에 답해 보세요.

1 本州の中央にある高くて険しい山々は何と呼ばれていますか。
2 日本に山が多いせいで、困ることはなんですか。
3 イギリスでいちばん高い山の高さはどのぐらいですか。
4 日本にはどうしてあまり長い川や大きい川がないのですか。
5 火山があるおかげで良い事を4つ挙げなさい。
6 日本の川の特徴を3つ挙げなさい。

문형다지기

1 名でも / 名であっても   ~이(더)라도

「~でも」는 '~라도'의 뜻으로 앞뒤 내용이 서로 일치하지 않음을 나타낸다.

- 同じ部長でも、勤務年数には差があります。 같은 부장이더라도, 근무 연수에는 차가 있습니다.
- 日本では広いマンションでも、30坪以上のものはあまりありません。
  일본에서는 넓은 맨션이라도, 30평 이상의 것은 그다지 없습니다.
- どんなに好きなものであっても、毎日食べていればいやになるものです。
  아무리 좋아하는 음식이라도, 매일 먹으면 싫증이 나는 법입니다.

「~も」의 강조어로 사용되기도 한다.

- そんなことは子供でも分かります。 그런 일은 어린애(라)도 압니다.
- 忙しいので日曜日でも会社へ出なければなりません。
  바쁘기 때문에 일요일(이라)도 회사에 나가지 않으면 안 됩니다.

2 ~のは ~からです   ~한(인) 것은 ~이기 때문입니다.

「~のは」는 「~ことは」를 대신 받는 말로서, '(어떤 현상이나 결과가 생긴)것은'이라는 뜻이다.

- 交通事故が多いのは、規則を守らないからです。 교통사고가 많은 것은, 규칙을 지키지 않기 때문입니다.
- 赤字になったのは、経営がまずかったからです。 적자가 된 것은, 경영이 서툴렀기 때문입니다.
- おなかをこわしたのは、食べすぎたからです。 배탈이 난 것은, 과식을 했기 때문입니다.

※ 결과를 먼저 말하고, 이유나 원인을 뒤에 말하는 도치문에서는 「~ので」를 사용하지 않고 「~から」를 사용한다.

3 名をはじめ   ~을 비롯하여

「~をはじめ」는 많은 것 중에서 주된 것을 예로 들 때 사용하는 말로서, 「~をはじめとして」로도 쓴다.

- 新しい製品はソウルをはじめ、主な都市で売りだされています。
  새로운 제품은 서울을 비롯하여, 주요 도시에서 팔리고 있습니다.
- 国際人になるためには、英語をはじめ、いろんな外国語を習わなければなりません。
  국제인이 되기 위해서는, 영어를 비롯하여, 여러가지 외국어를 배워야만 합니다.
- 韓国ではサッカーをはじめ、いろんなスポーツがさかんです。
  한국에서는 축구를 비롯하여 여러가지 스포츠가 성행합니다.

4 　動 るのに便利です　~하는 데 편리합니다

「~るのに」는 「~ることに」의 변형으로 '~하기에'에 해당하는 말이다. 한편 「便利です」 대신 「いいです」도 사용된다.

- この本は会話を習うのに便利です。　이 책은 회화를 배우기에 편리합니다.
- このへんは駅やスーパーが近いので、住むのに便利です。
  이 근처는 역이나 마트가 가까워서, 살기에 편리합니다.

5 　動 ~(ます)+やすい　~하기 쉽다

「~やすい」는 '~하기 쉽다', '~하는 경향이 있다'라는 뜻이다. 비슷한 표현으로는 「~(ます)+がち」가 있다.

- 食べすぎるとおなかをこわしやすく、食べなさすぎると病気になりやすいです。
  과식하면 배탈이 나기 쉽고 너무 먹지 않으면 병이 나기 쉽습니다.
- ガラスはこわれやすいものです。　유리는 깨지기 쉬운 물건입니다.
- 人間は成功すると、油断しやすいです。　사람이란 성공하면 방심하기 쉽습니다.

6 　畳語　첩어

같은 단어가 중복된 복합어로 이루어 다수를 나타내는데, 이를 「畳語(じょうご)」라 한다. 복합명사와 부사가 대부분이며 뒤에 오는 단어의 첫음절이 청음에서 탁음으로 변하는 경우가 많은데, 이를 「連濁(れんだく)」라 한다. 한자어의 중복은 「々」로 표기한다.

| 복합명사 | 国々 나라들 | 島々 섬들 | 人々 사람들 | 山々 산들 |

| 부사 | 時々 때때로 | 度々 여러 번, 누차 | それぞれ 각각 |

★ 부사는 오늘날 한자표기를 하지 않고 かな표기를 주로 한다.

7 　語句

都合がいい 형편(사정)이 좋다, 시간이 되다

都合がいい時に来てください。　형편이 좋을 때 오세요.

~に適する ~하기에 알맞다, 적합하다

彼は国際ビジネスにあまり適していないと言われます。　그는 국제비즈니스에 별로 적합하지 않다고 합니다.

셀프테스트

1 보기와 같이 문장을 만드시오.

> 보기
> 火山があるから温泉がたくさんあります。
> → 温泉がたくさんあるのは火山があるからです。

❶ あまりにも高かったので、買いませんでした。
❷ 休みだったから、会社に行きませんでした。
❸ 朝ねぼうをして会社に遅れました。
❹ 忙しくて会議に出席しませんでした。

2 다음 문장을 일본어로 말하시오.
❶ 같은 동양인이더라도 나라에 따라 종교와 풍습이 다릅니다.
❷ 그가 회장에 뽑히지 않았던 것은 회원들에게 신뢰받지 못했기 때문입니다.
❸ 유능한 세일즈 맨이 되기 위해서는 말투를 비롯한 많은 매너를 익혀야만 됩니다.
❹ 이 책은 혼자서 일본어를 익히기에 편리하게 되어 있습니다.
❺ 오늘은 사정이 좋지 않으니 내일 다시 한번 들러 주십시오.

朝ねぼうを する :
늦잠을 자다
会議(かいぎ)に 出席(しゅっせき)する :
회의에 출석하다

세일즈 맨 : セールスマン
말투 : ことば遣(づか)い
매너 : マナー
익히다 : 身(み)につける
들르다 : 寄(よ)る

문형확인문제

1. 같은 섬나라라도, 영국은 낮고 가파르지 않은 산이 많고, 높은 산이더라도 1300미터 정도입니다.
   同じ島国　　　、イギリスは低くてなだらかな山が多く、高い山　　　、
   1300メートルぐらいです。

2. 일본에 온천이 많이 있는 것은, 화산이 있기 때문입니다.
   日本に温泉がたくさんある　　　、火山がある　　　　。

3. 후지산을 비롯하여, 자태가 아름다운 산이 많은 것도, 화산의 덕택이라고 할 수 있을 것입니다.
   富士山を　　　、姿の美しい山が多いのも、火山のおかげだと言えるでしょう。

4. 흐름이 급하기 때문에 수력발전을 하기에 대단히 편리합니다.
   流れが急なので、水力発電を行う　　　たいへん　　　　。

5. 일본의 강은 홍수를 일으키기 쉽고, 교통을 위해서는 그다지 이용되지 않습니다.
   日本の川は洪水を起こし　　　、交通のためにはあまり利用できません。

6. 화산은 또한 농작물에 알맞은 흙도 만들었습니다.
   火山は、また農作物　　　　土も作りました。

Unit 08

たなばた

독해를 위한 어휘체크!

たなばた(七夕) 칠월 칠석	西(にし)がわ 서쪽	暮(く)らす 5자 살다, 생활하다
星空(ほしぞら) 별이 빛나는 밤하늘	織女(しょくじょ) 직녀(성)	年(ねん)に 일년에
夢(ゆめ) 꿈	東(ひがし)がわ 동쪽	許(ゆる)される 허락받다
神話(しんわ) 신화	けんぎゅう 견우	当(あ)たる 5자 해당하다
伝説(でんせつ) 전설	悲(かな)しい い형 슬프다	白鳥(はくちょう) 백조
～として 조 ～로서	物語(ものがたり) 이야기	飛(と)ぶ 5자 날다
残(のこ)る 5자 남다	織(お)りひめ 베 짜는 아가씨, 직녀(성)	つばさ 날개, 깃
毎年(まいねん/まいとし) 매년	機(はた) 베틀	橋(はし) 다리, 교량
祭(まつ)り 축제, 제사	織(お)る 5타 (직물을)짜다	橋(はし)をかける 다리를 놓다
何世紀(なんせいき) 몇 세기	天(あま)の神様(かみさま) 하나님, 신	渡(わた)る 5자 건너다
前(まえ)に 전에	神様(かみさま) 신	紙(かみ) 종이
中国(ちゅうごく) 중국	あわれな な형 불쌍한, 가여운	～とか 조 ～라든가, ～라든지
伝(つた)わる 5자 전해지다	思(おも)われる 생각하시다	折(お)りづる 종이로 접은 학, 종이학
夜空(よぞら) 밤하늘	ひこ星(ぼし) 견우성	ささ 가는 나무, 조릿대
南(みなみ) 남, 남쪽	遊(あそ)びふける 5자 노는 데만 열중하다	糸(いと) 끈, 실
北(きた) 북, 북쪽	つれもどす 5타 제자리로 돌려놓다	結(むす)びつける 1타 매어 달다, 결부하다
帯(おび) 띠	それから 그 때부터	軒先(のきさき) 처마 끝
天(あま)の川(がわ) 은하수	別(わか)れ別(わか)れに 부 따로따로	夢見(ゆめみ)る 1타 꿈꾸다

08 たなばた

　美しい星空は夢の世界です。

むかしの人たちはこの星を眺めながらいろいろなことを考えたのでしょう。

それが、今でも神話や伝説としてたくさん残っています。

日本で毎年七月七日に行われる「たなばた」の祭りもその一つです。

このたなばたの伝説は、今から何世紀も前に中国から伝わってきたものです。

これは夏の夜空に、南から北に白い帯のように見える「天の川」の西がわにある織女という星と、東がわにあるけんぎゅうという星との悲しい物語です。

　天の川の西がわに美しい織りひめ（織女星）が住んでいました。織りひめは来る日も来る日もいっしょうけんめいに機を織って働いていました。天の神様はこの織りひめをあわれに思われ、天の川の東がわに住んでいたひこ星（けんぎゅう星）

と結婚させました。しかし、どうしたことでしょう。結婚してからの織りひめは機を織ることも忘れて、毎日遊びふけっていました。これを見て天の神様はひじょうにお怒りになり織りひめをまた天の川の西がわにつれもどしてしまわれました。それで、織りひめとひこ星のふたりはそれからは別れ別れに暮らさなければならなくなりました。

　しかし、年に一度だけは織りひめはひこ星に会いに行くことを許されました。その日が七月七日のたなばたに当たるのです。毎年七月七日になると、どこからか大きな白鳥が飛んで来て、そのつばさで天の川に橋をかけてくれるのです。その橋を渡って織りひめはひこ星に会いに行くという伝説です。

　この日には、子供たちはいろいろな色をした四角な紙に「織りひめ」とか「ひこ星」とか「天の川」とか書き、これを折りづるなどといっしょにささに糸で結びつけて、軒先に立てます。子供たちはそのそばであの美しい夜空を眺めながら遠い星の世界のことを夢見るのです。

(『日本語読本』(国際学友会)2より)

본문을 읽고 다음 질문에 답해 보세요.

1　たなばたの伝説はいつどこから日本へ伝わりましたか。
2　「天の川」とは何のことですか。
3　天の神様はどうして織りひめのことをお怒りになられたのですか。
4　天の川の西がわにつれもどされた織りひめは、それからひこ星に会えましたか。
5　夏はいつもどうやって過ごしますか。夏にすることや食べるものについて話しましょう。
6　映画やドラマで、どんなラブストーリーが印象に残っていますか。

문형다지기

1 名 **として**　~로서 〈자격·입장〉

「~として」는 '~로서'의 뜻으로 자격이나 입장 등을 나타낸다.

- わたしは留学生として日本へ来ました。 나는 유학생으로서 일본에 왔습니다.
- 彼は医者としてよりも政治家として有名です。 그는 의사로서보다도 정치가로서 유명합니다.
- われわれは国民としての義務を果たさなければなりません。
  우리들은 국민으로서의 의무를 다하지 않으면 안 됩니다.

2 動 **~(ら)れる**　~하시다 〈경어〉

「れる/られる」는 수동, 존경, 가능 등을 나타내는 조동사인데, 여기서는 존경의 뜻으로 쓰였다.

- 先生が黒板に字を書かれる時の姿勢はすてきです。 선생님이 칠판에 글을 쓰실 때의 자세는 멋집니다.
- そのことについては校長先生が答えられました。 그 사항에 관해서는 교장 선생님이 답하셨습니다.
- 参加される方は、下の番号までご連絡ください。 참석하실 분은 아래 번호로 연락해 주십시오.

3 動 **~(さ)せる**　~하게 하다, 시키다 〈사역〉

「~せる/させる」는 다른 사람에게 '~하도록 시키다'는 뜻의 사역조동사이다.

- 先生は学生にレポートを書かせます。 선생님은 학생에게 리포트를 쓰게 합니다.
- 母は子供にパンを食べさせます。 어머니는 아이에게 빵을 먹입니다.
- 宿題が終ったら、運動させます。 숙제가 끝나면 운동시킵니다.

4 **お+動(ます)+になる**　~하시다 〈경어〉

「お~(ます)~になる」는 가장 보편적인 존경 표현으로, 경어동사가 따로 없는 경우, 대부분 이 표현을 사용한다.

- 先生は黒板に字をお書きになりました。 선생님께서는 칠판에 글을 쓰셨습니다.
- 先生は10分ほど前にお帰りになりました。 선생님께서는 10분쯤 전에 귀가하셨습니다.
- 先生は夜遅くまで本をお読みになります。 선생님께서는 밤 늦게까지 책을 읽으십니다.

5 動 ～(ら)れる　～되다 〈수동〉

수동의 「れる/られる」이다.

- 授業中にいたずらをして先生にしかられました。　수업중에 장난을 쳐서 선생님께 야단맞았습니다.
- 成績が良かったので、母にほめられました。　성적이 좋았기 때문에 어머니께 칭찬받았습니다.
- わたしはみんなに信用される人になりたいです。　나는 모두에게 신용받는 사람이 되고 싶습니다.

6 A とか B とか　A라든지 B라든지

「とか」는 '～라든지'에 해당하는 조사로서, 비슷한 종류의 사물이나 동작을 예를 들 때 사용한다.

- 最近、Twitterとか、FacebookとかいうＳＮＳがはやっています。
  최근에 트위터나 페북 같은 SNS가 유행하고 있습니다..
- 映画とか芝居とかいうものはあまり好きではありません。
  영화라든지 연극이라든지 하는 것은 그다지 좋아하지 않습니다.
- テレビを見るとかラジオを聴くとかして時間を過ごします。
  텔레비전을 보거나 라디오를 듣거나 하면서 시간을 보냅니다.

「～とか」는 서로 반대되는 말을 두 개 나열하여 어느 쪽인지 잘 모르겠다는 뜻으로 사용되기도 한다.

- 試験があるとかないとか言って学生たちがさわいでいます。
  시험이 있다(든지) 없다(든지) 태도를 분명히 해 주세요.
- 行くとか行かないとか態度をはっきりしてください。
  가겠다(든지) 안 가겠다(든지) 태도를 분명히 해 주세요.
- 品質についてはいいとか悪いとか評判がまちまちです。
  품질에 대해서는 좋다(든지) 나쁘다(든지) 평판이 제각기 다릅니다.

6 語句

橋をかける 다리를 놓다
以前は向こうまで船で渡りましたが、橋をかけてから便利になりました。
옛날에는 건너편까지 배로 건넜는데, 다리를 놓고 나서 편리해졌습니다.

～に当たる ～에 해당되다
日本の県は韓国の道に当たります。　일본의 현은 한국의 도에 해당됩니다.

たなばた　53

셀프테스트

1. 보기와 같이 밑줄 친 부분을 고쳐 문장을 만드시오.

   > 보기
   > 天の 神様は ひじょうに <u>怒られました</u>。
   > → 天の 神様は ひじょうに <u>お怒りに なりました</u>。

   ❶ 先生は望ましい社会に ついて<u>話されました</u>。
   ❷ 先生は10時ごろ<u>戻られました</u>。
   ❸ 先生はもう<u>帰られました</u>。
   ❹ 先生はいつもご自分でネクタイを<u>買われます</u>。

2. 다음 문장을 일본어로 말하시오.

   ❶ 교육을 받는 것은 국민으로서의 의무이며 권리입니다.
   ❷ 그는 학자로서보다도 정치가로서 길이 평가될 것입니다.
   ❸ 일방적으로 익히게 하기보다 스스로 이해하도록 합시다.
   ❹ 선생님은 언제나 자신의 빨래는 스스로 하십니다.
   ❺ 나는 아직 당신에 대해서는 전혀 모릅니다.

   일방적으로 :
   一方的(いっぽうてき)に

문형확인문제

1. 그것이 지금도 신화나 전설로 많이 남아 있습니다
   それが今でも神話や伝説 [   ] たくさん残っています。

2. 하나님은 이러한 직녀를 가엾게 생각하시고, 은하수의 동쪽에 살고 있던 견우와 결혼시켰습니다.
   天の神様はこの織りひめをあわれに [   ]、
   天の川の東がわに住んでいたひこ星と結婚させました。

3. 선생님은 학생에게 리포트를 쓰게 합니다.
   先生は学生にレポートを [   ]。

4. 이것을 보고 하나님은 굉장히 화를 내셨습니다.
   これを見て、天の神様はひじょうに [ ] 怒り [   ]。

5. 일년에 딱 한 번은 직녀는 견우를 만나러 가는 것을 허락받았습니다.
   年に一度だけは織りひめはひこ星に会いに行くことを許 [   ]。

6. 이 날에는, 아이들은 '직녀'라든지 '견우'라든지 '은하수'라든지 적어서, 처마 끝에 세웁니다.
   この日には、子供たちは「織りひめ」 [   ] 「ひこ星」 [   ] 「天の川」 [   ]
   書き、軒先に立てます。

7. 일본의 현은 한국의 도에 해당됩니다.
   日本の県は韓国の道 [   ]。

Unit 09

小さ(ちい)なねじ

독해를 위한 어휘체크!

小(ちい)さな 조그만	直(なお)す 5他 고치다	お礼(れい)を言(い)う 고맙다고 인사하다
ねじ 나사	直(なお)る 5自 고쳐지다	役場(やくば) 하급단위의 지방 관공서
ある 어느, 어떤	困(こま)る 5自 곤란해 하다	給仕(きゅうじ) 급사
町(まち) 마을	旅人(たびびと) 길손, 나그네	1) 옛날 관청이나 회사등에서 잡일을 한 사람.
中(なか)ほど 중간쯤	見上(みあ)げる 1他 올려다보다	2) 웨이터(웨이트리스)
時計台(とけいだい) 시계탑	~な 助 ~이(하)구나	一本(いっぽん) 하나, 한 자루
チックタック 똑딱	ひとりごと(独り言) 혼잣말, 독백	なければ 없으면 (「ない」의 가정형)
音(おと) 소리	ひとりごとを言(い)う 혼잣말을 하다	役(やく)に立(た)つ 유익하다, 쓸모있다
立(た)てる 1他 (소리를)내다, 세우다	町役場(まちやくば) 읍(면)사무소	これでも 이래봬도
な(鳴)る 5自 (소리가)나다, 울리다	喜(よろこ)ぶ 5自 기뻐하다, 즐거워하다	君(きみ) 자네
おやつ 간식	上(あ)がる 5自 올라가다	うまい い形 좋다, 멋있다, 잘하다
かけこむ 5自 뛰어들다	調(しら)べる 1他 조사하다, 살피다	うまいことを言(い)う 멋진 말을 하다
町(まち)じゅう 온 마을, 온 동네	取(と)れる 1自 빠지다	もう一度(いちど) 한번 더, 다시 한번
あてに する 의지하다, 기대하다, 믿다	マッチ 성냥 match	~たまえ ~해 보렴, ~해 봐
さ(指)す 5他 가리키다	じく(軸) 축, 대	くりかえす 5他 되풀이하다
町長(ちょうちょう) 읍장, 면장	取(と)り出(だ)す 5他 꺼집어내다	感心(かんしん)する 감동하다, 탄복하다
時計屋(とけいや) 시계점, 시계 수리상	さし込(こ)む 5他 밀어 넣다	どんなに 副 아무리
		われわれ 우리, 우리들

09 小さなねじ

　ある町の中ほどに高い時計台があって、大きな時計がチックタックチックタックと音を立てています。町の人は時計を見て、

「もう9時5分前だ。急がなければ、汽車に遅れる。」

と言って、駅へ急ぎます。町の子供は時計の音を聞いて、

「3時になった。おやつの時間だ。」

と言って、うちへかけこみます。

　こうして、町じゅうの人がこの時計をあてにしていました。ところが、ある日、この時計が5時をさしたまま、止まってしまいました。日が暮れても、5時をさしています。夜が明けても、5時をさしています。

「これはいけません。」

と言って、町長さんは町の時計屋さんに時計を直させましたが、直りません。困っていると、ある朝、ひとりの旅人が時計台を見上げて、

「この時計は止まっているな。直してあげよう。」

とひとりごとを言って、町役場へ行きました。そして、町長さんに会って、

「わたしは時計屋です。時計台の時計を直してあげましょう。」

と言いました。町長さんは喜んで、

「どうぞお願いします。」

と言って、旅人といっしょに時計台に上がりました。

旅人の時計屋さんは、時計を調べていましたが、

「ああ、ここのねじが取れている。」

と言って、かばんからマッチのじくぐらいの小さなねじを取り出して、ねじの

あなにさし込みました。すると、時計がチックタックチックタックと音を立てて動きだしました。

町長さんは喜んで、旅人にお礼を言いました。それから、役場に帰って、みんなに、

「小さなねじが一つ取れていたのだよ。」

と話しますと、これを聞いていた給仕さんが、小さな声で、

「小さなねじが一本なければ、大きな時計も役には立たない。ぼくは、これでも大きな時計の小さなねじだ。」

と言いました。町長さんがこれを聞いて、

「君、うまいことを言ったね。もう一度言ってみたまえ。」

と言うと、給仕さんは、もう一度前に言ったことをくりかえしました。町長さんは感心して、

「そうだ。どんなに大きな時計でも、小さなねじが一本なければ、役には立たない。われわれはみんな大きな時計の小さなねじだ。」

と言いました。

(『外国人のための日本語読本』(文化庁)初級2より)

본문을 읽고 다음 질문에 답해 보세요.

1 この時計は何時で止まってしまいましたか。
2 この時計を直してくれたのはだれですか。
3 どうしてこの時計は止まってしまったのですか。
4 給仕の「ぼくは、これでも大きな時計の小さなねじだ。」と言った意味は何ですか。
5 あなたにとって、今、故障すると一番困るものは何ですか。それは、どうしてですか。
6 たとえ一人の力は小さくても、あなたがだれかの役に立っていると感じたことはありますか。

문형다지기

1) 動 ～た まま ～한 채

「～まま」는 상태나 내용을 계속하여 바꾸지 않은 상태를 뜻한다.

- 帽子をかぶったまま、部屋に入ってはいけません。 모자를 쓴 채 방에 들어가서는 안 됩니다.
- 窓を開けたまま寝て、かぜを引いてしまいました。 창문을 열어둔 채 자서 감기가 들어 버렸습니다.
- 朝早く家を出たまま、帰ってきません。 아침 일찍 집을 나간 채 돌아오지 않습니다.

2) 動 ～ても ～해도   ★명사형용사문이나 명사문에는 「～でも」와 연결된다.

「～ても」는 '～해도'의 뜻으로, 어떤 가정의 사항을 제시하여 보편적으로 그렇게 되기 어려운 사항을 뒤에 연결할 때 사용한다.

- 飛行機で行っても、2時間はかかります。 비행기로 가더라도 두 시간은 걸립니다.
- きょうはいくら飲んでも、酔いません。 오늘은 아무리 마셔도 취하지 않습니다.
- 薬を飲んでも、治らないこともあります。 약을 먹어도 낫지 않는 경우도 있습니다.

➡ 한자에 주의! 「治(なお)る」: (병이) 낫다, 치유되다
　　　　　　　 「直(なお)る」: 고쳐지다, 수리되다

3) 動 ～ましょう ～하겠습니다

「～ましょう」는 보통, '～합시다'의 뜻으로, 남에게 무엇인가를 권유할 때 사용되지만, 여기서는 화자 자신의 의지를 부드럽게 표현하고 있다.

- 今までのことは、わたしがご説明しましょう。 지금까지 있었던 일은 제가 설명해 드리겠습니다.
- あしたの市内見物はわたしが案内しましょう。 내일의 시내 구경은 제가 안내하겠습니다.
- 今度のピクニックにはわたしも行きましょう。 이번 피크닉에는 저도 가겠습니다.

4) ～屋さん

「～屋」는 상점, 직업, 성격 등을 나타내는 말로 폭넓게 사용된다.

- 本屋 서점　　薬屋 약국
- さかな屋さん 생선장수(가게)
- 恥かしがり屋 부끄러움을 많이 타는 사람　　寂しがり屋 외로움을 잘 타는 사람

5 語句

音を立てる 소리를 내다

いま 会議中だから、うるさい音を立てないでください。
지금은 회의중이니까, 시끄러운 소리를 내지 말아 주세요.

汽車に遅れる 기차를 놓치다 → 「遅れる」는 보통 「学校に遅れる」(학교에 지각하다)와 같이 「늦다」라는 뜻으로 사용되나, 열차의 경우에는 「놓치다」(乗り遅れる)의 뜻이 된다. 그리고 「汽車」는 현대어에서는 「電車」 또는 「列車」라고 한다.

一杯飲んでいて終電に遅れてしまいました。
한잔 하고 있다가 마지막 전차를 놓쳐 버렸습니다.

当てにする 믿다, 의지하다

父からの送金を当てにして月賦払いで買いました。
아버지가 보내는 송금을 믿고 월부로 샀습니다.

[참고] 彼の言うことはあまり当てになりません。 ★当てになる 믿을 수 있다
그가 하는 말은 그다지 믿을 수 없습니다.

〜が取れている 〜이 없어지다, 빠지다, 떨어지다

洋服のボタンが取れています。
양복의 단추가 떨어졌습니다.

お礼を言う 고맙다고 인사(말)하다

人に親切にしてもらったときは必ずお礼を言いなさい。
남이 친절히 해 주었을 때는 반드시 인사를 하세요.

[참고] 人にお世話になったときはお礼をしたほうがいいです。 ★お礼をする (물건으로)사례를 하다
남에게 신세를 졌을 때는 인사를 하는 편이 좋습니다.

役に立つ 쓸모있다, 유익하다

学生時代の勉強は社会生活にも役に立ちます。
학창시절의 공부는 사회생활에도 도움이 됩니다.

小さなねじ 59

셀프테스트

1 보기와 같이 밑줄 친 부분을 고쳐 문장을 만드시오.

> 보기
> 帽子を脱がないで部屋に入りました。
> → 帽子をかぶったまま部屋に入りました。

① 洋服を脱がないで寝てしまいました。
② ネクタイをはずさないで寝てしまいました。
③ 電気を消さないで寝てしまいました。
④ ふとんをたたまないで2, 3日たつこともあります。

電気を消(け)す：
전등을 끄다

ふとんをたたむ：이불을 개다
↔ ふとんをしく：이불을 깔다

2 보기와 같이 문장을 만드시오.

> 보기
> （日が暮れた）（それでも帰って来ない）
> → 日が暮れても帰って来ません。

① （薬を飲んだ）（それでも熱が下がらない）
② （手紙を出した）（それでも返事をくれない）
③ （ベルを押した）（それでも出て来ない）
④ （約束時間が過ぎた）（それでも彼は来なかった）

3 다음 문장을 일본어로 말하시오.

① 그는 어느 날 집을 나간 채 1년이 지나도 돌아오지 않습니다.
② 말로만 나라를 사랑하기보다 사회에 유익한 사람이 되겠습니다.
③ 동이 트기 전에 나가 해가 지도록 일하는 사람이 많습니다.
④ 아무리 좋은 계획이라도 노력하지 않으면 쓸모가 없습니다.

동이 트다, 날이 새다：
夜(よ)が明(あ)ける

해가 지다：
日(ひ)が暮(く)れる

문형확인문제

1. 이 시계가 5시를 가리킨 채 멈춰 버렸습니다.
   この時計が5時をさし＿＿＿、止まってしまいました。

2. 해가 져도 5시를 가리키고 있습니다. 날이 새도 5시를 가리키고 있습니다.
   日が暮れ＿＿＿、5時をさしています。夜が明け＿＿＿、5時をさしています。

3. 시계탑의 시계를 고쳐 드리겠습니다.
   時計台の時計を直してあげ＿＿＿。

4. 자네, 멋진 말을 했군. 다시 한번 말해 보게.
   君、うまいことを言ったね。もう一度言ってみ＿＿＿。

5. 학생시절의 공부는 사회생활에도 도움이 됩니다.
   学生時代の勉強は社会生活にも＿＿＿。

Unit 10

衣食住(いしょくじゅう)

 독해를 위한 어휘체크!

衣食住(いしょくじゅう) 의식주	派手(はで)な な形 화려한	宗教上(しゅうきょうじょう) 종교상
住居(じゅうきょ) 주거	光(ひかり) 광선, 빛	避(さ)ける 1他 피하다
国々(くにぐに) 나라들	調和(ちょうわ) 조화	影響(えいきょう) 영향
気候(きこう) 기후	熱帯(ねったい) 열대	風通(かぜとおし) 통풍
風俗(ふうぞく) 풍속	風土(ふうど) 풍토	簡単(かんたん)な な形 간단한
習慣(しゅうかん) 습관	関係(かんけい) 관계	壁(かべ) 벽
用(もち)いる 1他 사용하다	特徴(とくちょう) 특징	厚(あつ)い い形 두껍다
着物(きもの) 기모노, 일본 전통 의상	古(ふる)くから 예부터	外部(がいぶ) 외부
現代(げんだい) 현대	主(おも)に 副 주로	防(ふせ)ぐ 5他 막다
労働(ろうどう) 노동	米(こめ) 쌀	敷(し)く 5他 깔다, 펴다
以前(いぜん) 이전, 옛날	主食(しゅしょく) 주식	各部屋(かくへや) 각 방
職場(しょくば) 직장	牧畜(ぼくちく) 목축	取(と)り外(はず)す 5他 떼어내다
生活様式(せいかつようしき) 생활양식	囲(かこ)まれる 둘러싸이다 「囲む」의 수동형	ふすま 미닫이
南方(なんぽう) 남방		しょうじ 장지(문)
婦人(ふじん) 부인	島国(しまぐに) 섬 나라	区切(くぎ)る 5他 칸을 가르다, 구분하다
色(いろ)とりどり 형형색색	副食(ふくしょく) 부식	建築様式(けんちくようしき) 건축양식
サラサ 사라사(인물·화초·기하학적 무늬를 색색으로 날염한 무명이나 비단)	味(あじ) 맛	湿気(しっけ) 습기
	あっさりした 副 담백한	乾燥(かんそう)する 건조하다
腰(こし) 허리	反対(はんたい)に 반대로, 거꾸로	
巻(ま)く 5他 감다, 말다	濃(こ)い い形 진하다	

10 衣食住

　人間の生活になくてはならないものは、「衣」、「食」、「住」の三つです。
　「衣」は着るもの、「食」は食べるもの、「住」は住居のことです。
　国々によってことばが違うように、衣食住もその国の気候、風俗、習慣などによってそれぞれ違います。日本人が昔から長い間用いてきた「衣」は着物です。現代では、着物は労働に不便なため、以前ほどは用いられなくなりましたが、それは職場においてだけで、家庭に帰れば、大部分の人がやはり着物を着ています。これは、着物のほうが洋服より日本の気候や住居や生活様式に適しているからです。

　南方の国々の婦人は色とりどりのサラサを腰に巻いています。派手なサラサの色は、強い太陽の光によく調和して、なかなか美しいものです。しかし、これも美しいというだけの理由で用いられているのではなく、やはり熱帯の気候、風土、住居によく適しているからなのです。

　次に、「食」は衣食住の中でも特に人間の生活と深い関係があり、国々によって特徴があります。アジア人は古くからおもに農業によって生活していたので、その大部分は米を主食にしています。これに対して、ヨーロッパ人はおもに牧畜によって生活してきたので、牛や豚や羊などの肉をよく食べます。

　また、日本のような海に囲まれた島国では、副食として魚を多く食べます。気候や風土のために、好む味も国によって非常に違っています。た

とえば、熱帯の人々は辛い味を好みますし、日本人はあっさりした味、ヨーロッパ人や中国人は反対に濃い味を好みます。

　また、宗教上の習慣などによって、ある食べ物を避けるといったこともあります。

　「住」に大きな影響を与えるのは、その国の気候です。暑い国の住居は窓を広くして風通しをよくし、建てかたも簡単なのに対して、寒い国では窓も狭く、壁も厚くして、外部からの冷たい空気を防ぎます。

　日本の家は、だいたい木、竹、紙などで作られ、床を高くして、畳を敷きます。また、各部屋は取り外しのできる「ふすま」や「しょうじ」で区切られています。このような建築様式は、夏は暑くて湿気が強く、冬はその反対に乾燥する日本の気候に適しているからです。

(『日本語読本』(国際学友会)2より)

> 편집자 주
> 현재 일본에서는 가정에서 기모노를 입는 일이 거의 없다.
> "부인"이라는 말도 거의 사용되지 않는다(오래 된 느낌). 현대 일본에서는 여성을 말할 때 "부인" 대신 "女性(じょせい)"를 일반적으로 사용한다.

 본문을 읽고 다음 질문에 답해 보세요.

1 「衣」、「食」、「住」とは、それぞれ何のことですか。
2 日本人が昔から着てきた着物は、現代では、どうして着られなくなってきたのですか。
3 南方の国々の女性が腰に巻いているサラサは、美しいという理由のほかに、どのような理由で用いられているのですか。
4 米が主食のアジア人に対して、ヨーロッパの人たちは、何をよく食べますか。
5 暑い国の住居は、どうして窓を広くしてあるのですか。また、寒い国の住居は、どうして窓が狭く、壁も厚くしてあるのですか。
6 韓国の伝統的な服について話しましょう。それはどんな時に着ますか。

衣食住　63

문형다지기

1 い形 ～くてはならない　～해서는 안 된다

「～てはならない」는 「～てはいけない」에 비해 좀더 강제력이나 구속력이 있는 표현이다.

- 広告の内容はあまり難しくてはなりません。
  광고내용은 너무 어려워서는 안 됩니다.

- 家賃が高いのはいいですが、あまり狭くてはなりません。
  집세가 비싼 것은 괜찮습니다만, 너무 좁아서는 안 되겠습니다.

- 報告書はあまり長くてはなりません。
  보고서는 너무 길면 안 됩니다.

2 名 によって　～마다, ～에 따라서

「～によって」는 뒤에 오는 말에 따라 여러가지로 뜻이 바뀌는데, 여기서는 「違う」, 「異なる」 등의 상태동사를 뒤에 연결하여 '～마다', '～에 따라서'라는 뜻으로 사용된다.

- 国によってことばも習慣も違います。　나라마다 언어도 습관도 다릅니다.
- 人によってものごとの考えかたが違います。　사람마다 사물을 생각하는 방법이 다릅니다.
- 季節によって野菜の値段が違います。　계절에 따라서 야채 값이 다릅니다.

3 な形 ～なため(に) / い形 ～いため(に)　～하기 때문에

★ 동사에도 연결이 가능하다.
動 ～るために　～하기 때문에

여기서 「～ため」는 원인이나 이유를 나타낸다.

- 従業員が不親切なため、お客が来なくなりました。
  종업원이 불친절하기 때문에, 손님이 오지 않게 되었습니다.

- 毎日楽しいため、満足しています。　매일 즐겁기 때문에, 만족하고 있습니다.

- 病気のため会社を休みました。　아파서 회사를 쉬었습니다.

- 不注意のため車が衝突しました。　부주의 때문에 자동차가 충돌했습니다.

  ▶ 名 のために(に)　～이기 때문에

4 [名] において ~에 있어서

「~において」는 주로 문어체에 사용되며 장소, 때, 경우 등을 나타낸다.

- 大会はソウルにおいて3日間開かれました。 대회는 서울에서 3일간 열렸습니다.
- その夢は近い将来において実現するでしょう。 그 꿈은 가까운 장래에 (있어서) 실현될 것입니다.
- 今度の事故においてけがをした人が多かったです。 이번 사고의 경우 부상을 입은 사람이 많았습니다.

5 [い形] ~いものです ~입니다 〈당연, 감탄〉

「~ものです(もんです)」는 흔히 「なかなか」, 「さすが(に)」 등과 함께 쓰여 감탄의 뜻을 나타낸다.

- さすが新幹線は速いものですねえ。 과연 신칸센은 빠르군요.
- この店のさしみ、ほんとうにうまいものですね。 이 집의 생선회는 정말로 맛있군요.

6 [名] ~によって ~에 의해 〈수단〉

「~によって」는 '~에 의해'의 뜻으로 수단이나 방법을 나타낸다.

- 話し合いによって事件を解決しました。 대화로 사건을 해결했습니다.
- この問題の解決は、彼の返事によって決まります。 이 문제의 해결은 그의 대답(여하)에 따라 결정됩니다.

7 [な形] ~なのに対して ~한데 비해

「~に対して」는 앞뒤 내용이 서로 상반되는 경우에 대비하는 뜻으로 사용된다.

- 地下鉄が便利なのに対して、バスは不便です。 지하철이 편리한데 비해, 버스는 불편합니다.
- デパートが親切なのに対して、あのスーパーは不親切です。
  백화점이 친절한데 비해, 그 마트는 불친절합니다.

8 語句

影響を与える 영향을 주다　★影響を受ける 영향을 받다

大統領の発言は国民に大きな影響を与えます。 대통령의 발언은 국민들에게 커다란 영향을 줍니다.

衣食住　65

셀프테스트

1. 보기와 같이 밑줄 친 부분을 고쳐 문장을 만드시오.

> 보기
> 韓国と日本はことばが違います。
> → 国によってことばが違います。

① 春と夏は気候が違います。
② 李さんと金さんは性格が違います。
③ 釜山とソウルはアクセントが違います。
④ 先生と学生はものの見かたが違います。

気候(きこう) : 기후

見(み)かた : 관점

2. 보기와 같이 밑줄 친 부분을 고쳐 문장을 만드시오.

> 보기
> 不親切でお客が来なくなりました。
> → 不親切なためお客が来なくなりました。

① 用事でソウルへ行ってきました。
② 忙しくて会議に出席できませんでした。
③ 約束があって出かけなければなりません。
④ 交通が便利で買物にはいいです。

用事(ようじ) : 볼일, 용건

3. 다음 문장을 일본어로 말하시오.

① 회사에 있어서 없어서는 안되는 것은 사람과 기술과 자본입니다.
② 나라마다 언어가 다르듯이 제도와 습관이 다른 법입니다.
③ 우리는 예로부터 농업에 의해서 생활해 왔습니다.
④ 한국인은 孝를 가장 중히 여기는데 대해 일본인은 忠을 제일로 삼아왔습니다.

기술 : 技術(ぎじゅつ)
자본 : 資本(しほん)

효 : 孝(こう)
충 : 忠(ちゅう)

문형확인문제

1. 인간의 생활에 없어서는 안 되는 것은, 「의」,「식」,「주」의 세 가지입니다.
   人間の生活に　　　　　　　ものは、「衣」,「食」,「住」の三つです。

2. 나라들마다 언어가 다르듯이, 의식주도 그 나라의 기후 등에 따라서 제각기 다릅니다.
   国々　　　　ことばが違うように、衣食住もその国の気候など　　　　それぞれ

   違います。

3. 현대에는, 기모노는 노동에 불편하기 때문에, 이전만큼 이용되지 않게 되었습니다.
   現代では、着物は労働に不便　　　　、以前ほどは用いられなくなりました。

4. 그것은 직장에 있어서만이고, 가정에 돌아가면, 대부분의 사람이 역시 기모노를 입고 있습니다.
   それは職場　　　　だけで、家庭に帰れば、大部分の人がやはり着物を着ています。

Unit 11

こうつうじこ
交通事故

 독해를 위한 어휘체크!

交通事故(こうつうじこ) 교통사고	とたんに 副 순간에, 찰나에	立(た)ち止(ど)まる 5自 발걸음을 멈추다
列車(れっしゃ) 열차, 기차	ぶつかる 5自 부딪치다	話(はな)し合(あ)う 5自 이야기를 나누다
衝突(しょうとつ) 충돌	全(まった)く 副 완전히, 전혀	傘(かさ) 우산, 양산
脱線(だっせん) 탈선	どうにもならない 어떻게도 할 수 없다	横(よこ) 옆
転覆(てんぷく) 전복	常(つね)に 副 항상, 늘	後(うし)ろ 뒤, 뒷편
はねとばされる 1自 튕기다	怠(おこた)る 5他 게을리하다	ひきずる 5他 질질 끌다
はげしい い形 격심하다	交通規則(こうつうきそく) 교통규칙	三列(さんれつ) 세 줄
うち(内) 안, 가운데	左側(ひだりがわ) 좌측, 왼쪽	四列(よんれつ) 네 줄
運転手(うんてんしゅ) 운전수	右側(みぎがわ) 우측, 오른쪽	一団(いちだん) 한 무리, 한 패
注意(ちゅうい) 주의	込(こ)み合(あ)う 5自 혼잡하다	公衆(こうしゅう) 공중
自身(じしん) 자신, 스스로	必(かなら)ず 副 반드시	安全(あんぜん) 안전
不注意(ふちゅうい) 부주의	朝夕(あさゆう) 아침 저녁	脅(おびや)かす 5他 위협하다
起(お)こる 5自 일어나다	ひどい い形 지독하다, 심하다	合(あ)わせる 1他 합치다, 모으다
横断歩道(おうだんほどう) 횡단보도	混雑(こんざつ)する 혼잡하다	心(こころ)を合(あ)わせる 합심하다
以外(いがい) 이외, 그 밖	プラットホーム 플랫폼 platform	規則(きそく) 규칙
横切(よこぎ)る 5他 횡단하다	見(み)かける 1他 목격하다, 눈에 띄다	心(こころ)がける 1他 마음 속에 새기다
停止信号(ていししんごう) 정지신호	のろのろ 副 어슬렁어슬렁, 느릿느릿	社会生活(しゃかいせいかつ) 사회생활
とび出(だ)す 5自 뛰쳐나가다	押(お)しのける 1他 밀어젖히다	全部(ぜんぶ) 전부, 모두

11 交通事故

　列車が衝突する、脱線する、転覆するといった事故、または、子供が自動車にひかれる、はねとばされるといった事故を交通事故といいます。

　交通事故は交通がはげしくなればなるほど多くなります。最近の新聞を見てもわかるように、交通事故のない日はないといっていいくらい、毎日どこかで交通事故があります。

　交通事故のうちには、自分の乗っている列車が衝突したり脱線したりすることがあるかもしれません。これは列車の運転手に注意してもらわなければならないことです。しかし、自動車にひかれたり自転車にはねとばされたりする事故は、私たち自身の不注意から起こる事故です。

　事故は、横断歩道以外の所で道を横切るとか、停止信号の出ているときに横切るとか、また、道路で遊ぶとかいうことから起こります。家をとび出したとたんに、車や人にぶつかることがあります。これは、全く不注意です。この不注意が事故の原因になるのです。事故が起こってしまってからではどうにもなりませんから、常に注意を怠らないようにすることが大切です。

私たちは、まず事故を防ぐために交通規則を守らなければなりません。みんなが左側を歩くのに、あなただけが右側を歩いてごらんなさい。込み合っている所では必ず人とぶつかります。朝夕のひどく混雑するときに、プラットホームなどでよく見かけることですが、ひとりだけのろのろ歩く人があります。人を押しのけて歩く人があります。立ち止まって話し合っている人があります。傘を横に持ったり、後ろにひきずったりしている人があります。また、横に三列にも四列にも並んで歩いている一団があります。こんな人たちは、公衆のことを少しも考えない人たちで、こんな人が多いと、それだけみんなの安全が脅かされることになります。

　交通安全はひとりではできません。みんなが心を合わせて規則を守り、公衆の迷惑にならないように心がけることが大切です。このことは交通についてだけでなく、私たちの社会生活の全部についても言えることです。

（『日本語読本』(国際学友会)2より）

 본문을 읽고 다음 질문에 답해 보세요.

1　どんなことを「交通事故」と言いますか。
2　自身の不注意から起こる事故には、どんな事故がありますか。
3　不注意による事故をなくすためには、何をすることが大切ですか。
4　朝夕のひどく混雑するときに、プラットホームなどでよく見かける人はどんな人ですか。5つ挙げなさい。
5　私たちの社会生活全てにおいて、大切なことは何ですか。
6　あなたは、どんな行為が最も危険だと思いますか。それは、なぜですか。

문형다지기

1 ～といった 名 ～라고 하는

「～といった」는 「～という」와 같은 말로 뒤에 오는 명사가 어떤 것인가를 설명할 때 사용한다.
주로 「～とか」, 「～や」 등을 함께 써서 둘 이상의 예를 들 때 사용한다.

- 外国にものを売るとか、外国からものを買うとかといったことを貿易といいます。
  외국에 물건을 판다든지 외국으로부터 물건을 산다든지 하는 행위를 무역이라 합니다.
- 人にお金を貸すとか、人のお金を預かるといったことを金融といいます。
  남에게 돈을 빌려 준다든지 남의 돈을 맡는다든지 하는 것을 금융이라 합니다.
- みそやしょうゆといった調味料は韓国と日本で使われます。
  된장이나 간장이라고 하는 조미료는 한국과 일본에서 사용됩니다.

2 ～に 動 ～てもらう ➡ が 動 ～てくれる ～에게 ～해 받다 ➡ ～가 ～해 주다

「～てもらう」는 우리말에는 없는 표현으로, 「～てくれる」형으로 옮겨 이해할 수밖에 없으나, 두 표현의 뉘앙스에는 다소 차이가 있다. 「～てくれる」는 다른 사람이 '우리 그룹 (나, 나의 가족 등)'에게 무엇인가 해줬을 때 사용한다.

- この本は日本の友達に送ってもらったんです。〈나의 초점〉

  この本は日本の友達が送ってくれたんです。〈친구의 초점〉 이 책은 일본 친구가 보내준 것입니다.
- この時計は父に買ってもらったものです。〈나의 초점〉

  この時計は父が買ってくれたものです。〈아버지의 초점〉 이 시계는 아버지가 사 준 것입니다.

3 名 から ～으로, 때문에

「～から」는 '부터'의 뜻으로 출발점을 나타내기도 하는데, 여기서는 원인이나 이유를 나타낸다.

- ちょっとした油断からたいへんなことになります。
  조그만 방심으로 큰일이 생깁니다.
- たばこの火から火事を起こすことが多いです。
  담뱃불로 불을 내는 경우가 많습니다.
- 領土問題から戦争が起きることもよくあります。
  영토 문제로 전쟁이 일어나는 경우도 자주 있습니다.

4 ⃣動 〜てからでは 〜하고 난 뒤는

「〜てから」(〜하고 나서)와 「〜では」(〜로(서)는)가 합친 것으로, 뒤에 부정적인 표현을 수반하여, '〜하고 난 뒤는(〜하기 어렵다)'의 뜻으로 사용된다.

- 病気が重くなってからではもう手遅れです。
  병이 심해지고 난 뒤는 벌써 손쓰기가 늦습니다.
- 結論を下してしまってからでは二度と変えることはできません。
  결론을 내려 버리고 나면 두 번 다시 바꿀 수 없습니다.

5 ⃣ 〜と、それだけ 〜하면 그 만큼

「〜と」는 조건을 나타내는 조사이다. 「〜ば 〜ほど」(〜하면 〜할수록)와 비슷한 뜻이다.

- 値段が高いと、それだけ売れなくなります。 값이 비싸면 그 만큼 팔리지 않게 됩니다.
- 一生懸命に働くと、それだけ豊かになるものです。 열심히 일하면 그 만큼 풍요롭게 되기 마련입니다.
- 建物が高いと、それだけ眺めがよくなります。 건물이 높으면 그 만큼 전망이 좋아집니다.

6 ⃣ について 〜에 관하여, 대해서

「〜について」는 '〜에 대해서, 관해서'에 해당한다. (아래표현은 〜に関して로 바꾸어 쓸 수 있다.)

- わたしは日本の経済政策について勉強するつもりです。
  나는 일본의 경제정책에 관해 공부할 생각입니다.
- わたしはドイツ文学についてはあまり知りません。 나는 독일 문학에 대해서는 잘 모릅니다.
- このことについて先生のご意見を聞かせてください。 이 일에 관해서 선생님의 의견을 들려 주세요.

7 ⃣ 語句

心を合わせる 합심하다

みんなで心を合わせてやったので、りっぱにできました。
모두가 합심하여 했기 때문에 멋지게 되었습니다.

셀프테스트

1 보기와 같이 밑줄 친 부분을 고쳐 문장을 만드시오.

> **보기** 彼は日本語も上手だし、英語も上手です。
> → 彼は日本語だけでなく英語も上手です。

❶ あの歌は若者(わかもの)にも人気だし、大人にも人気です。
❷ 韓国はサッカーも強いし、野球も強いです。
❸ それには課長も反対しているし、部長も反対しています。
❹ 最近は女性もピアスをしているし、男性もしています。

ピアス : 피어스, 이어링

2 보기와 같이 밑줄 친 부분을 고쳐 문장을 만드시오.

> **보기** 病気が重くなります。手遅れです。
> → 病気が重くなってしまってからでは手遅れです。

❶ ことばを一度口に出します。とりかえすことができません。
❷ 信用を一度失います。とりもどすことができません。
❸ 契約書にサインをします。守らなければなりません。
❹ 学校を卒業します。親にたよることはできません。

口(くち)に出(だ)す : 입 밖에 내다

親(おや)にたよる : 부모에게 의지하다

3 다음 문장을 일본어로 말하시오.

❶ 사원들을 승진시키거나 발령하는 것을 人事라 합니다.
❷ 삼국지는 읽으면 읽을수록 더욱 더 재미있습니다.
❸ 그 두 사람의 불화는 작은 오해에서 비롯된 것이랍니다.
❹ 경제란 한번 파탄상태가 되고나면 좀처럼 회복할 수 없는 것입니다.

발령 : 発令(はつれい)

불화 : 確執(かくしつ)
오해 : 思(おも)い違(ちが)い

파탄상태 :
破綻状態(はたんじょうたい)

문형확인문제

1. 열차가 충돌하고, 탈선하고, 전복하는 사고를 교통사고라고 합니다.
列車が衝突する、脱線する、転覆する ☐ 事故を交通事故といいます。

2. 자동차에 치인다든지 자전거에 튕긴다든지 하는 사고는 우리들 자신의 부주의로 일어나는 사고입니다.
自動車にひかれたり自転車にはねとばされたりする事故は、私たち自身の不注意 ☐ 起こる事故です。

3. 사고가 일어나 버리고 난 뒤에는 어떻게도 할 수 없기 때문에, 항상 주의를 게을리하지 않도록 하는 것이 중요합니다.
事故が起こってしまっ ☐ どうにもなりませんから、常に注意を怠らないようにすることが大切です。

4. 이러한 일은 교통에 관해서만이 아니고, 사회생활 전부에 대해서도 말할 수 있는 것입니다.
このことは交通 ☐ だけでなく、社会生活の全部 ☐ も言えることです。

Unit 12

男性化と女性化
(だんせいか と じょせいか)

 독해를 위한 어휘체크!

男性化(だんせいか)	남성화
女性化(じょせいか)	여성화
ファッション	패션 fashion
問題(もんだい)	문제
問題にする	문제삼다
デザイン	디자인 design
男女(だんじょ)	남녀
区別(くべつ)	구별
なくなる 5自	없어지다, 사라지다
外観(がいかん)	외관
先日(せんじつ)	며칠 전
銀座(ぎんざ)	긴자(지명)
びっくりする	놀라다
ヘアスタイル	헤어스타일 hair style
ずいぶん 副	상당히, 매우
変(か)わる 5自	변하다
でも 接	하지만, 그렇지만
むしろ 副	오히려, 차라리
自由(じゆう)な な形	자유스러운
戦後(せんご)	전후, 이차대전 후
ともかく 副	여하튼, 어떻든 간에
まだまだ 副	아직도
意見(いけん)	의견
程度(ていど)	정도
ある程度	어느 정도
はっきり 副	분명히, 확실히
職業(しょくぎょう)	직업
～における	～에 있어서(의)
差別(さべつ)	차별
結婚後(けっこんご)	결혼 후
続(つづ)ける 1他	계속하다
勇気(ゆうき)	용기
社会的(しゃかいてき)	사회적
家庭内(かていない)	가정 내, 집안
戦前(せんぜん)	전전, 이차대전 전
権威(けんい)	권위
考(かんが)え方(かた)	사고방식, 견해
反映(はんえい)	반영
場合(ばあい)	경우
中学校(ちゅうがっこう)	중학교
母親(ははおや)	모친, 어머니
もっともな な形	지당한, 당연한
おかしな	이상한
女性側(じょせいがわ)	여성 측
任(まか)せる 1他	맡기다
このへん	이 정도, 이쯤
～に対(たい)する	～에 대한, ～에 관한
結論(けつろん)	결론
結局(けっきょく)	결국
出発点(しゅっぱつてん)	출발점
男性的(だんせいてき)	남성적
女性的(じょせいてき)	여성적
基準(きじゅん)	기준
自体(じたい)	자체

12 男性化と女性化

A: 最近、よく、女性が男性化し、男性が女性化したと言われますが、あなたはどう思いますか。

B: 一つは、ファッションの問題があるでしょう。服の色にも、デザインにも男女の区別がなくなってきていますから、外観だけでは男性か女性かわからないことがあります。

A: 先日、銀座を歩いていて、びっくりしました。服装だけでなく、ヘア・スタイルもずいぶん変わりましたね。

B: ええ、でもこれは、女性の男性化、男性の女性化というよりも、むしろ男性も女性も自由な服装を楽しんで着るようになったということでしょう。

A: 戦後日本では、靴下と女性が強くなったと言われますが、この点についてはどうですか。

B: 靴下はともかく、女性については、まだまだ変わらない点が多いのではないでしょうか。自分の意見をある程度はっきり言えるようになったという点では強くなったと言えるかもしれませんが。

A: 私の国では職業における男女の差別はあまりありませんが、日本では大きいようですね。

B: ええ、ですから、特に女性が結婚後も仕事を続けるには勇気が要るのです。

A: 男性の女性化については、どうですか。

B: 現在の日本では、社会的にも家庭内でも戦前のような男性の権威はありませんから、そのような現実が考え方に反映した場合に、男性が女性のように弱くなったということが多いように思います。

A: 以前にこんな話を聞いたことがあります。日本の小学校や中学校では女性の先生が多く、家庭でも子供の教育に関係するのは母親だから、男の子が女性化するという。

B: そうですね。もっともなようですが、これはとてもおかしな話です。一つは男性の女性化を女性側の責任にしている点、もう一つは子供のことを母親だけに任せているという点です。

A: このへんで、この問題に対する結論をどうぞ。

B: 結局、女性が男性化し男性が女性化するという場合、その出発点には必ず何を男性的と考え、何を女性的と考えるか基準があるはずですから、私はまずその基準自体を問題にしなければならないと思います。

(『今日の日本』(西出郁代著)より)

본문을 읽고 다음 질문에 답해 보세요.

1 最近の男性化や、女性化の原因の一つは何ですか。
2 戦後日本では、何が強くなったと言われますか。
3 日本では、どんな男女の差別がありますか。
4 日本での、「男性の女性化」の原因を2つ挙げてください。
5 最近、よく、女性が男性化し、男性が女性化したと言われますが、あなたはどう思いますか。
6 韓国では、男女差別はあると思いますか。

문형다지기

1. 動 ～ていて ～하다가, 하고 있다가

여기서 「～ていて」는 단순히 동사문을 연결하는 것이 아니라, 뒤에 오는 결과에 대한 동기 또는 원인을 나타낸다.

- 居酒屋で一杯飲んでいて、終電に乗り遅れてしまいました。
  술집에서 한잔 하다가 막차를 놓쳐버렸습니다.

- 居眠りをしていて、会社の前を通りすぎてしまいました。
  졸다가 회사 앞을 지나쳐 버렸습니다.

2. A より(も)むしろ B   A보다(도) 오히려 B

「むしろ」는 '오히려, 차라리'의 뜻으로 두 가지를 비교하여 'A쪽보다는 B쪽을 택하겠다'는 뜻으로 사용된다.

- 彼は先生というよりむしろ学者といったほうがいいです。
  그는 선생님이라고 하기보다 오히려 학자라고 하는 편이 좋습니다.

- 自分で作るよりむしろ買ったほうが安いです。
  자기가 만들기보다 차라리 사는 편이 쌉니다.

- 兄より弟のほうがむしろおとなしいです。
  형보다 동생 쪽이 오히려 점잖습니다.

3. 名 はともかく ～은 여하튼

어떤 문제를 지금으로서는 다른 차원에서 생각하기로 한다는 뜻이다.

- 結論はともかく、考え方がまちがっています。
  결론은 여하튼 간에, 사고 방식이 잘못되어 있습니다.

- 労働時間はともかく、給料が少なすぎます。
  노동시간은 여하튼, 월급이 너무 적습니다.

- ほかの人はともかく、君だけは来てくれると思っていた。
  다른 사람은 여하튼, 자네만은 와 줄거라고 생각하고 있었어.

4 [名] における　～에 있어서의

「～における」는 「～においての」, 「～での」와 같은 말로서, 문장체에서 주로 사용된다.

- 大都会における最大のなやみはごみ処理の問題です。
  대도시에 있어서의 최대의 고민은 쓰레기 처리 문제입니다.
- 「韓国における日本語教育のあり方」というタイトルの講演会があります。
  '한국에 있어서의 일본어 교육의 바람직한 자세'라는 타이틀의 강연회가 있습니다.

또한 「～における」는 「～についての」(～대한), 「～に関しての」(～에 관한)의 뜻으로도 사용된다.

- 日本語における彼の才能は実にすばらしいものです。
  일본어에 관한 그의 재능은 실로 대단한 것입니다.

5 [動] ～るには　～하는 데는, ～하려면

「～るには」는 「～るためには」, 「～るのには」와 같은 뜻이다.

- ひとりで外国生活をするには不便なことが多いのです。
  혼자서 외국생활을 하는 데는 불편한 점이 많습니다.
- 輸出を増やすには安くて品質のいい新製品を開発するしかありません。
  수출을 늘리기 위해서는 싸고 품질이 좋은 신제품을 개발할 수밖에 없습니다.

6 [名] に対する　～에 대한

'～에 대한'의 뜻으로 뒤에는 명사가 온다.

- この論文に対するあなたの意見が聞きたいです。　이 논문에 대한 당신의 의견을 듣고 싶습니다.
- その事件に対する判決はどうなったのですか。　그 사건에 대한 판결은 어떻게 되었습니까?

7 語句

～と(よく)言われる　～라는 말을 (자주) 듣다

私は、女みたいだとよく言われます。　저는 여자같이 생겼다는 말을 자주 듣습니다.

問題にする　문제삼다

そのことは今、国会で問題にしているそうです。　그 일은 지금 국회에서 문제삼고 있답니다.

셀프테스트

1 보기와 같이 문장을 만드시오.

> **보기**　彼は先生としてより学者として知られています。
> → 彼は先生というよりむしろ学者といったほうがいいです。

① あの人は企業人としてより政治家として知られています。
② あの方は牧師としてより孤児の父として知られています。
③ 釜山は観光地としてより貿易港として知られています。
④ 彼は歌手としてより俳優として知られています。

牧師(ぼくし) : 목사
孤児(こじ) : 고아
貿易港(ぼうえきこう) : 무역항
俳優(はいゆう) : 배우

2 보기와 같이 밑줄 친 부분을 고쳐 문장을 만드시오.

> **보기**　<u>大都会の</u>最大の問題はごみ処理の問題です。
> → <u>大都会における</u>最大の問題はごみ処理の問題です。

① <u>国民のアンケートの</u>最大の関心は経済問題でした。
② <u>韓国経済の</u>最大の問題は何でしょうか。
③ <u>外国語学習の</u>いちばんの近道はパターンを覚えることです。
④ <u>両国間のトラブル</u>は領土問題から始まったのです。

近道(ちかみち) : 지름길
領土問題(りょうどもんだい) : 영토문제

3 다음 문장을 일본어로 말하시오.

① 성실한 사람이 잘 사는 사회를 만드는 데는 용기가 필요합니다.
② 외관만으로는 학생인지 사회인지 알 수 없는 젊은이가 많습니다.
③ 중소기업은 물론 대기업까지 무분별하게 수입한다니 한심합니다.
④ 가정에서 아이들 교육에 관계하는 것은 어머니인 것 같습니다.

대기업 : 大企業(だいきぎょう)

문형확인문제

1. 며칠 전에, 긴자 거리를 걷고 있다가 깜짝 놀랐습니다.
　先日、銀座を歩い _____ 、びっくりしました。

2. 양말은 여하튼 간에, 여성에 관해서는 아직도 변하지 않은 점이 많지 않을까요?
　靴下は _____ 、女性については、まだまだ変わらない点が多いのではないでしょうか。

3. 우리 나라에서는 직업에 있어서의 남녀 차별은 그다지 없습니다.
　私の国では職業に _____ 男女の差別はあまりありません。。

4. 여성이 결혼 후에도 일을 계속하는 데는 용기가 필요합니다.
　女性が結婚後も仕事を続ける _____ 勇気が要るのです。

5. 이쯤에서, 이 문제에 대한 결론을 부탁합니다.
　このへんで、この問題に _____ 結論をどうぞ。

Unit 13

農村と都市
(のうそん と し)

독해를 위한 어휘체크!

農村(のうそん) 농촌	なるほど 副 과연, 정말	中心部(ちゅうしんぶ) 중심부
都市(とし) 도시	パートタイム 파트타임 part time	商店(しょうてん) 상점
一般(いっぱん)に 副 일반적으로	そのとおり 그대로	騒音(そうおん) 소음
若(わか)い い形 젊다	移(うつ)り住(す)む 5自 이주하다	しだいに 副 점차로
～たがる 5他 ～하고 싶어하다	過密(かみつ) 과밀	まわり 변두리, 주위, 부근
傾向(けいこう) 경향	過疎(かそ) 과소	移動(いどう) 이동
比較的(ひかくてき) 비교적	深刻(しんこく)な な形 심각한	ベッドタウン 베드타운(대도시 주변의 위성적 주택지구) bed town
年(とし) 나이	減少(げんしょう) 감소	
農業人口(のうぎょうじんこう) 농업인구	～に ともない ～에 따라서	衛星都市(えいせいとし) 위성도시
全体的(ぜんたいてき) 전체적	鉄道(てつどう) 철도	発達(はったつ) 발달
減(へ)る 5自 줄다, 감소하다	廃止(はいし) 폐지	ようす(様子) 모양
それに 接 게다가, 그 위에	ますます 副 점점, 더욱	ドーナツ 도넛 doughnut
兼業農家(けんぎょうのうか) 겸업농가	住(す)みにくい 살기 어렵다	似(に)る 1自 닮다, 흡사하다
増(ふ)える 1自 불어나다	医者(いしゃ) 의사	ドーナツ化現象(かげんしょう) 도넛화 현상
出稼(でかせ)ぎ 돈벌이 하러 감	無医村(むいそん) 무의촌	呼(よ)ぶ 5他 부르다
一家(いっか) 일가, 한 집안	それにしても 接 그렇다해도	おどろ(驚)く 5自 놀라다, 감탄하다
大黒柱(だいこくばしら) 대들보	全体(ぜんたい) 전체	続(つづ)く 5自 계속되다, 이어지다
意味(いみ) 의미, 뜻	一割(いちわり) 1할	

13 農村と都市

A: 私の国では、一般に若い人たちは農業をしたがらないで、都会に出たがる傾向がありますが、日本ではどうですか。

B: 日本でも同じようですよ。若い人たちは都市に集まり、比較的年をとった人たちと子供が、農村では多くなっています。

A: 農業人口は全体的に減っているのですね。

B: そうです。それに兼業農家が増えたり、出稼ぎに行く人が増えたりしていますから、「三ちゃん農業」などと言う人もありますよ。

A: どんな意味ですか。

B: 一家の大黒柱父ちゃんが町へ働きに行き、じいちゃんとばあちゃんと母ちゃんの三人で農業をしているという意味です。

A: なるほど。最近では女の人もパートタイムで働きに出るようですから、「二ちゃん農業」になりつつあるのでしょう。

B: そのとおりです。また農業を捨てて、一家そろって都市に移り住む場合もあり

ますから、都市の過密と農村の過疎が深刻な問題になっています。

A: 過疎のところはどんな困った問題があるのですか。

B: 人口の減少にともない、鉄道や学校が廃止されてますます住みにくくなりますし、そんな不便なところへは医者は行きませんから、無医村が多くなります。

A: それにしても、東京や大阪は人が多いですね。東京の人口は1000万人ぐらいですから、日本全体の約一割ですね。

B: そうです。都市だけを見ると、都市の中心部は商店や会社が多く、車の騒音もひどいので、人口はしだいに都市のまわりへ移動しています。

A: それで、ベッドタウンとしての衛星都市が発達しているのですね。

B: ええ、そのようすがドーナツの形に似ているので、人口のドーナツ化現象と呼んでいます。

A: とにかく、日本へ来て、おどろいたことは、町と町がみんな続いているように見えることです。私の国のようすとまったく違います。

(『今日の日本』(西出郁代著)より)

편집자 주
동경인구 13,222,760 (2013年)

 본문을 읽고 다음 질문에 답해 보세요.

1 「三ちゃん農業」とはどんな意味ですか。
2 最近では、「二ちゃん農業」になりつつありますが、その原因は何でしょうか。
3 どうして、都市の過密と農村の過疎が深刻な問題になっているのでしょうか。
4 農村の過疎化には、どんな問題がありますか。
5 「人口のドーナツ化現象」はどのようにして起こりますか。
6 日本では、一般的に若い人たちは農業をしたがらないで、都会に出たがる傾向がありますが、韓国ではどうですか。その理由は何だと思いますか。

문형다지기

1 動1 ～ないで 動2 ～る   ～하지 않고 ～하다

두 개의 동사를 「～て」로 연결할 때, 앞의 동사가 부정형인 경우에는 「～なくて」가 아니라 「～ないで」로 써야 한다.

- きのうはどこへも行かないで、家で勉強しました。
  어제는 아무 데도 가지 않고 집에서 공부했습니다.

- うそを言わないで、ほんとうのことを言ってください。
  거짓말을 하지 말고 진실을 말해 주세요.

- 朝ねぼうをしてなにも食べないで、学校へ行きました。
  늦잠을 자서 아무것도 먹지 않고 학교에 갔습니다.

2 動 ～たがる   ～하고 싶어하다

조동사 「～たい」(～하고 싶다)의 어간에 접미어 「～がる」가 붙어, '～하고 싶어하다'라는 뜻의 복합동사를 만든다. 「～たがる」는 남의 감정을 표현할 때 사용하며, 주로 「～たがっている」형으로 쓴다.

- 彼はあなたに会いたがっています。 그는 당신을 만나고 싶어합니다.
- 妹は日本の映画を見たがっています。 여동생은 일본 영화를 보고 싶어합니다.

3 動 ～つつある   ～하고 있다

「～つつある」는 동작이나 상태가 계속해서 이루어지고 있는 것을 뜻하는 말로서, 주로 자동사에 연결되어 변화의 과정을 나타낸다.

- 船は南に向かって進みつつあります。 배는 남쪽을 향하여 나아가고 있습니다.
- 新しい歌が学生の間に広まりつつあります。 새로운 노래가 학생들 사이에 퍼져 나가고 있습니다.
- 台風による被害は、どんどん広がりつつある。 태풍에 의한 피해는 점점 더 확대되고 있다.

4 名 にともない   ～에 따라

「～にともなう」는 '～에 따르다'라는 말이다. 회화체에서는 「～にともなって」형으로 사용된다.

- 車の増加にともない、交通事故も増えてきました。
  자동차의 증가에 따라서 교통사고도 늘어났습니다.

- 経済の拡大にともない、競争がはげしくなりました。
  경제의 확대에 수반하여 경쟁이 심해졌습니다.

5 動 ～(ます)＋にくい　～하기 어렵다 〈복합형용사〉

「～にくい」는 동사 「ます」형에 붙어 '～하기 어렵다'는 뜻의 복합형용사를 만들어준다.

- この本は字が小さくて読みにくいです。　이 책은 글자가 작아서 읽기 힘듭니다.
- うちの課長はちょっと話しにくい人です。　우리 과장님은 조금 말을 붙이기 힘든 사람입니다.

반대 표현은 「～やすい」(～하기 쉽다).

- 映画は暗いほうが見やすいです。　영화는 어두운 편이 보기 편합니다.

6 語句

年をとる 나이를 먹다, 나이가 들다

年をとればとるほど力が弱くなります。
나이를 먹으면 먹을수록 힘이 약해집니다.

出稼ぎに行く 돈벌이하러 집을 떠나다

彼女は中国から出稼ぎに来た朝鮮族のむすめです。
그녀는 중국에서 돈벌이하러 온 조선족 처녀입니다.

～に似ている ～를 닮았다　★ 일본어에서는 「～를 닮았다」라고 할 때, 조사 「～に」를 사용하며,
「似る」(닮다)는 언제나 「似ている」 형으로 사용된다.

長男は妻よりわたしに似ています。
장남은 아내보다 나를 닮았습니다.

農業をする 농사를 짓다

父は田舎で農業をしています。
아버지는 시골에서 농사를 짓고 있습니다.

셀프테스트

1 보기와 같이 밑줄 친 부분을 고쳐 문장을 만드시오.

> 〈보기〉 若い人たちは都会に<u>出ていこうとしています</u>。
> → 若い人たちは都会に<u>出ていきたがっています</u>。

① 若い人たちはご飯よりパンを<u>食べようとしています</u>。
② 若い人たちはまじめに<u>働こうとしません</u>。
③ 若い人たちはものごとをじっくり<u>考えようとしません</u>。
④ 彼女はテレビタレントに<u>なろうとしています</u>。

2 보기와 같이 밑줄 친 부분을 고쳐 문장을 만드시오.

> 〈보기〉 新しい歌が<u>広まっています</u>。
> → 新しい歌が<u>広まりつつあります</u>。

① あの会社は黒字を<u>出しています</u>。
② 船は港に向かって<u>進んでいます</u>。
③ 韓国人の考えかたも合理的に<u>なっています</u>。
④ 彼女の病気は回復に<u>向かっています</u>。

黒字(くろじ) : 흑자
↔ 赤字(あかじ) : 적자

3 다음 문장을 일본어로 말하시오.

① 요즘은 일하지 않고 잘 살고 싶어하는 사람들이 많습니다.
② 젊은이는 도시로 돈 벌러 가고 나이 먹은 사람만 남았습니다.
③ 인구의 증가에 따라서 주택문제가 심각해지고 있습니다.
④ 새로운 정부의 발족에 따라 한미간의 무역마찰이 확대되고 있습니다.

정부 : 政府(せいふ)
무역마찰 :
貿易摩擦(ぼうえきまさつ)

문형확인문제

1. 우리 나라에서는 일반적으로 젊은 사람들은 농사를 짓기 싫어하고, 도시에 나가고 싶어하는 경향이 있습니다.
   私の国では、一般に若い人たちは農業をしたがら_____、都会に出たがる傾向があります。

2. 최근에는 여자들도 파트타임으로 일하러 가는 모양이니까,「2인농업」이 되어가고 있겠군요.
   最近では女の人もパートタイムで働きに出るようですから「二ちゃん農業」になり_____のでしょう。

3. 인구의 감소에 따라서 철도랑 학교가 폐지되어 점점 살기 어려워집니다.
   人口の減少に_____、鉄道や学校が廃止されてますます住みにくくなります。

Unit 14

子供とテレビ
こども

 독해를 위한 어휘체크!

反面(はんめん) 반면	呪文(じゅもん) 주문, 주술	童話(どうわ) 동화
～きり ～(한) 채	となえる 5他 외다, 읊다, 외치다	うば(奪)う 5他 빼앗다
夕食(ゆうしょく) 저녁 식사	大(おお)けがをする 큰 부상을 입다	～毎(ごと)に ～마다
費(つい)やす 5他 소비하다, 낭비하다	一度(いちど)ならず 한 두 번이 아니라	コマーシャル 커머셜, 광고 commercial
数年前(すうねんまえ) 몇 년 전	粗暴(そぼう)な な形 거친, 난폭한	～きざみ ～단위
子供番組(こどもばんぐみ) 어린이용 방송 프로그램	はらはらする 안절부절 못하다	落(お)ち着(つ)く 5自 안정되다, 차분하다
戦争(せんそう)もの 전쟁물	チャンネル 채널 channel	無視(むし) 무시
はやる 5自 유행하다	ためになる 도움이 되다	存在(そんざい) 존재
超人(ちょうじん)もの 초인 이야기	ヒステリック 히스테릭함 hysteric	周知(しゅうち) 주지
怪獣(かいじゅう)もの 괴물 이야기	叫(さけ)ぶ 5他 외치다	生活様式(せいかつようしき) 생활양식
製作者(せいさくしゃ) 제작자	仲間(なかま) 동료, 한패	思考形式(しこうけいしき) 사고형식
まねをする 흉내를 내다	のけ者(もの) 따돌림당하는 사람, 외톨이	提供(ていきょう) 제공
主人公(しゅじんこう) 주인공	技(わざ) 솜씨, 기술	娯楽(ごらく) 오락
わくわくする 마음이 두근거리다	体得(たいとく) 터득	役割(やくわり) 역할
刺激的(しげきてき) 자극적	夢中(むちゅう)になる 열중하다	そろそろ 副 이제 슬슬, 천천히
場面(ばめん) 장면	店頭(てんとう) 가게 앞	あり方(かた) 본연의 자세, 존재양식
わけもわからない 영문도 모르다	内容(ないよう) 내용	問(と)い直(なお)す 5自 다시 묻다
	確認(かくにん) 확인	時期(じき) 시기

14 子供とテレビ

　このごろの子供は本を読まなくなったと一般に言われている。その反面、テレビを見る時間が、驚くほど長いのである。子供たちは学校から帰ってずっとテレビの前にすわったきりで、夕食までの時間を費やす。
　数年前までは、子供番組で戦争ものがはやっていた。現在は、超人もの、怪獣ものがブームである。番組の製作者は、「子供の皆さん、まねをしないでください。」という。しかし、小さい子供たちは自分が主人公になったつもりで、わくわくしながら見ているから、刺激的な場面が出れば出るほど自分でやってみたくなる。わけもわからない子供が何か呪文をとなえて窓から飛び出し、大けがをしたという話も一度ならず聞く。母親は、男の子が大きくなったら粗暴な人間になるのではないかと、はらはらしながら、「チャンネルを変えなさい。もっとためになるものを見なさい。」とヒステリックに叫ぶ。しかし、子供は、仲間からのけ者にされないためにも、その日の番組の超人の技を体得し、新しい怪獣の名前を覚え

ておこうと夢中になっている。
　店頭にも、超人もの怪獣ものの雑誌やおもちゃが並んでいる。子供たちは、テレビで見た内容をそのような雑誌によって確認しようとする。
　童話や物語を読む習慣を子供からうばっている原因は他にもある。テレビではたいてい15分毎にコマーシャルが入るから、子供の生活や考え方はすべて15分きざみになり、落ち着いて本を読むことができなくなるのだそうだ。
　現在の生活において、テレビが無視できない存在になっていることは、周知の事実である。そのテレビが内容面で影響を与えるだけでなく、生活様式や思考形式にまで影響を与えるとすれば、ニュース提供とか娯楽提供とかいうテレビの役割を越えて、そろそろテレビのあり方自体を問い直す時期に来ているのではないだろうか。

　　（『今日の日本』(西出郁代著)より）

 본문을 읽고 다음 질문에 답해 보세요.

1　一般的に、最近の子供は読書をしなくなった反面、どんな変化が見られますか。
2　子供たちが怪獣の番組などを見るとき、刺激的な場面が出れば出るほど自分でやってみたくなるのは、なぜでしょうか。
3　どうして、男の子の母親は、「チャンネルを変えなさい。もっとためになるものを見なさい。」とヒステリックに叫ぶのでしょうか。
4　子供たちが、落ち着いて本を読むことができなくなっている原因は何ですか。
5　あなたはどんなテレビ番組が好きですか。それはどんな内容ですか。

子供とテレビ　87

문형다지기

1. 動 ～たきり(で)　～한 채

「～きり(で)」는 주로 뒤에 부정표현과 연결되어, 어떤 동작 등이 끝난 채, 다음 동작 등이 시작되지 않고 있음을 나타낸다.

- 朝早く出かけたきりで、夜になっても帰ってきません。
  아침 일찍 집을 나간 채, 밤이 되어도 돌아오지 않습니다.

- あの人から本を借りたきりで、まだ読んでいません。
  저 사람한테 책을 빌린 채, 아직 읽지 않았습니다.

- 「いいえ」とひとこと言ったきりで、だまってしまいました。
  '아니오' 라고 한 마디 한 채, 입을 다물어 버렸습니다.

2. 動 ～たつもりで　～한 셈치고

「～たつもり」는 실제는 그렇지 않지만, 그렇게 생각할 때 쓰는 표현이다.

- あなたが先生になったつもりで、説明してみてください。
  당신이 선생님이 되었다 치고, 설명해 보세요.

- 映画を見たつもりで、貯金することにしました。 영화를 본 셈 치고, 저금하기로 했습니다.

- わたしとしては精一杯働いてきたつもりです。 나로서는 힘껏 일해 왔다고 생각합니다.

3. 一度ならず　한 두 번이 아니고, 몇 번이나 / 한 번도 아니고

문어체표현이다. =「一・二度ではなく」(한 두 번이 아니고),「何度も」(몇 번이나)

- 一度ならず何度も注意したが、まだそのくせは治らない。
  한두번도 아니고 몇 번이나 주의를 주었는데, 아직 그 버릇이 고쳐지지 않는다.

- 彼は一度ならず、二度も失敗した。 그는 한 번도 아니고 두 번이나 실수했다.

4. 動 ～(ます)+なさい　～하시오, 하세요 〈명령〉

★ 공손한 말이 아니므로 낯선 사람이나 손윗사람에게는 쓸 수 없다.

「～なさい」는 동사의 「～ます」형에 접속하여 명령을 나타낸다.

- まず自分の名前と住所を書きなさい。 우선 자기 이름과 주소를 쓰세요.

- みんな自分の席に戻りなさい。 모두 자기 자리에 돌아가 주세요.

- 質問があったらだまって手をあげなさい。 질문이 있으면 가만히 손을 드세요.

5. (数・量)ごとに ~마다

「~毎に」는 우리말 '~마다'에 해당하는 말이다. 요즘은 한자보다 かな표기를 많이 쓴다.

- 電信柱は50メートルごとに立っています。 전신주는 50m마다 서 있습니다.
- 冬から春にかけては一雨ごとにあたたかくなります。
  겨울부터 봄에 걸쳐서는 비가 한 번 올 때마다 따뜻해집니다.
- このチームは一試合ごとに強くなってきました。 이 팀은 한 번 시합을 할 때마다 강해졌습니다.

6. あり方 〈복합명사〉

「あり方」는 현재의 모습이나 바람직한 상태를 나타내는데, 문맥에 따라 다양하게 해석할 수 있다.

- このごろは教育のあり方が問題になっています。 요즘은 교육의 본연의 자세가 문제가 되고 있습니다.
- テレビのあり方自体を問い返す時期です。 텔레비전이 추구하는 본래의 모습 자체를 되물어야 될 시기입니다.

7. 語句

真似をする 흉내를 내다

外国の真似をした文化は命が短いです。 외국의 흉내를 낸 문화는 그 생명이 짧습니다.

わけが(も)わからない 사리, 영문을(도) 모르다

そんなわけがわからないことを言うものではありません。
그런 알아듣지도 못할 소리를 하는 게 아닙니다.

為になる 유익하다, 도움이 되다

エゴイストだから自分のためになることしかしません。
이기주의자이기 때문에 자기에게 이득이 되는 일밖에 하지 않습니다.

除け者にする 따돌리다

ぼくだけを除け者にして、連れて行ってくれなかった。 나만 따돌려 놓고 데리고 가 주지 않았다.

除け者にされる 따돌림을 당하다

彼はわがままだから、そのグループから除け者にされた。
그는 제 멋대로 행동하기 때문에, 그 그룹에서 따돌림을 당했다.

셀프테스트

1 보기와 같이 밑줄 친 부분을 고쳐 문장을 만드시오.

> **보기**
> 朝早く<u>出かけて</u>まだ帰ってきません。
> → 朝早く<u>出かけたきりで</u>、まだ帰ってきません。

① 朝パンを少し<u>食べて</u>まだ何も食べていません。
② 昨年ソウルで一度<u>会って</u>それから会ったことがありません。
③ 彼女とは一昨年<u>別れて</u>何をしているのかわかりません。
④ 1時間前に自分の部屋に<u>入って</u>出てきません。

2 보기와 같이 밑줄 친 부분을 고쳐 문장을 만드시오.

> **보기**
> その話は<u>何度も</u>聞いたことがあります。
> → その話は<u>一度ならず何度も</u>聞いています。

① 日本には<u>何回も</u>行ったことがあります。
② 民主主義の長所は<u>何度も</u>とりあげたことがあります。
③ アメリカの映画は<u>何回も</u>見たことがあります。
④ 田中さんのうちには<u>何回も</u>行ったことがあります。

民主主義(みんしゅしゅぎ) : 민주주의
長所(ちょうしょ) : 장점

3 다음 문장을 일본어로 말하시오.

① 아버지는 작년 봄에 돈벌이 하러 간 채 전혀 소식이 없다.
② 당신이 사장이 되었다고 치고 회사의 실정을 이해해 주십시오.
③ 낭비 때문에 망한 사람의 이야기를 들은 적이 한 두 번이 아니다.
④ 우리 회사에서는 1년에 한 번씩 월급이 올라가게 되어있다.

낭비 : むだ使(づか)い

월급 : 月給(げっきゅう)

문형확인문제

1. 아이들은 학교에서 돌아와 줄곧 텔레비전 앞에 앉은 채, 저녁식사까지의 시간을 소비한다.

   子供たちは学校から帰ってずっとテレビの前にすわった ☐ 、夕食(ゆうしょく)までの時間を費(つい)やす。

2. 어린 아이들은 자기가 주인공이 된 생각으로, 두근거리는 마음으로 보고 있다.

   小さい子供たちは自分が主人公(しゅじんこう)になった ☐ 、わくわくしながら見ている。

3. 아이가 창문에서 뛰어내려, 큰 부상을 입었다는 이야기도 몇 번이나 듣는다.

   子供が窓から飛(と)び出(だ)し、大(おお)けがをしたという話も ☐ 聞く。

4. 텔레비전에서는 대개 15분마다 광고가 들어가기 때문에 아이들의 생활이나 사고방식은 15분 단위가 됩니다.

   テレビではたいてい15分 ☐ にコマーシャルが入るから、子供の生活や考え方は15分きざみになります。

Unit 15

小さな親切
ちい　　　しんせつ

 독해를 위한 어휘체크!

しずく 물방울	くらくらと 副 흔들흔들	丈夫(じょうぶ)な な形 튼튼한
びっしょり 副 흠뻑	倒(たお)れる 1自 넘어지다	ため(為) 위함
あい変(か)わらず 副 여전히, 변함없이	かわいそうな な形 가여운, 불쌍한	~からといって ~라고 해서
席(せき) 자리, 좌석	母親(ははおや) 모친, 어머니	保護(ほご) 보호
税務署前(ぜいむしょまえ) 세무서 앞	だめな な形 안 되는, 불가한	独立心(どくりつしん) 독립심
停留場(ていりゅうじょう) 정류장	やさしい い形 부드럽다	育(そだ)てる 1他 기르다, 육성하다
赤(あか)ちゃん 갓난아기	止(と)める 1他 만류하다, 붙들다	しっかりした 확실한, 뚜렷한
お(負)ぶう 5他 업다	幼(おさな)い い形 어리다	意向(いこう) 의향, 생각
三・四才(さん・よんさい) 서너 살	ふみにじる 5他 짓밟다, 유린하다	~ずに ~하지 않고
男(おとこ)の子(こ) 남자 아이	気持(きも)ち 기분, 느낌	ただ 副 단지, 오로지
連(つ)れる 1他 이끌다, 동행하다	相手(あいて) 상대, 상대방	押(お)し売(う)り 강매
~たび(度)に ~할 때마다	夕食後(ゆうしょくご) 저녁 식사 후	親切(しんせつ)の押し売り 억지 친절

15 小さな親切

　先週の日曜日、わたしはバスに乗って買い物に行った。

　その日は、朝から雨が降っていた。バスの中は傘のしずくで、床がびっしょりぬれていたし、あい変わらず、たくさんの人でこみ合っていた。わたしは前の方の席にすわっていた。

　途中、税務署前の停留場から、赤ちゃんをおぶった人が、三・四才ぐらいの男の子を連れて乗ってきた。そして、わたしの前に立った。その子は、バスが止まるたびに、ぐらぐらと倒れそうになる。見ていて、とてもかわいそうだった。わたしが、

　「ここにすわりなさい。」

と言って立つと、その子は、すぐすわろうとした。すると、母親は、

　「だめよ。もうお兄ちゃんだから、立って行きましょうね。」

と、やさしく止め、それからわたしに、

　「ありがとうございます。いいのですよ。この子はもう大きいのですから、どうぞ、そのまますわってください。」

と言う。

　まだ幼い子供なのに、すわらせようとしない母親に、わたしの小さな親切がふみにじられたような気持ちになった。

　わたしは、その日一日、あの母親はなぜ自分の子供をすわらせなかったのかを考えた。

　結局は、いくら親切にして

も、相手に分かってもらえないのは悲しいことだと思った。

　夕食後、父にそのことを話すと、

「そのお母さんは、子供の足を丈夫にするためもあるだろうし、子供だからといって、保護し過ぎてはいけない、独立心を育てなくてはいけないという考えで、席にすわらせないと思うよ。」

と、教えてくれた。

　そう言われてみると、あの母親は、しっかりした考えがあって、わたしに断ったかもしれない。相手の意向も確かめずに、わたしは、ただ親切の押し売りをしていたのかもしれない。そう思うと、断られたときに悲しい気持ちになったことが、恥ずかしく思われてきた。

　わたしは、この日のことを自分だけで考えずに、父に話して、ほんとうによかったと思った。

 본문을 읽고 다음 질문에 답해 보세요.

1　途中の停留場で、どんな人が乗ってきましたか。
2　前に立った男の子を見て、「わたし」はどうしてとてもかわいそうだと思ったのですか。
3　せっかく席をゆずったのに、男の子のお母さんに断られてしまった「わたし」はどんな気持ちになりましたか。
4　なぜ、母親は自分の子供をすわらせなかったのでしょうか。
5　父の話を聞いて、わたしは小さな親切を断られたときに悲しい気持ちになったことが、恥ずかしく思われてきました。それは、どうしてでしょうか。
6　あなたは、バスや地下鉄などで、席を譲ったり、親切なことをしたりした経験がありますか。

문형다지기

1. 動 ～るたびに ～할 때마다

「～たびに」는 '～할 때는 언제나'라는 뜻으로 사용된다.

- わたしはソウルへ行くたびに、彼のところに寄ります。 나는 서울에 갈 때마다 그의 집에 들릅니다.
- あの写真を見るたびに、学生のころを思い出します。 저 사진을 볼 때마다 학생 때의 일을 떠올립니다.
- 一雨降るたびに、すずしくなってきます。 비가 한 번 올 때마다 시원해집니다.

「～たびに」는 「명사+のたびに」형을 취하는 경우도 있다.

- 主人は誕生日のたびにプレゼントを買ってきてくれます。 남편은 생일 때마다 선물을 사다 줍니다.

2. 動 ～(ます)そうに ～할 듯이

「～そうに」는 추량의 조동사 「～そうだ」의 연용형으로서, 화자의 주관적인 표현을 나타낼 때 사용된다.

- 今にも降りだしそうにくもっています。 금방이라도 비가 내릴 듯이 찌푸려 있습니다.
- なんか急な用事でもありそうに急いで出ていきました。
  무언가 급한 볼일이라도 있는 듯이 서둘러 나갔습니다.
- どうも課長に怒られそうな気がします。 아무래도 과장님께 야단맞을 것 같은 느낌이 듭니다.

3. 動 ～(さ)せようとする ～하게 하려고 하다

다른사람에게 '～하게 하려고 하다'의 뜻으로 사용된다.

- 母は子供に薬を飲ませようとしました。 어머니는 아이에게 약을 먹이려고 했습니다.
- 部長は課長を出張に行かせようとしています。 부장은 과장을 출장 보내려고 하고 있습니다.
- 母は子供をわずか10分でも休ませようとしません。
  어머니는 아이를 단 10분이라도 놀게 하려고 하지 않습니다.

4. いくら 動 ～ても 아무리 ～해도

기대나 상식에 상반되는 결과가 올 때 사용한다.

- いくら説明しても、ちっとも分かってくれません。 아무리 설명을 해도 조금도 알아 주지 않습니다.
- いくら頼んでも、聞いてくれませんでした。 아무리 부탁을 해도 들어 주지 않습니다.

5 名 だからといって　～라고 해서

보통 뒤에는 금지의 뜻을 나타내는 말이 온다.

- 不景気だからといって、ため息ばかりついていては困ります。
  불경기라고 해서, 한숨만 쉬고 있어서는 곤란합니다.

- 休みだからといって、遊んでばかりいてはいけません。
  휴일이라고 해서, 한숨만 쉬고 있어서는 곤란합니다.

- 自分のものでないからといって、乱暴に使ってはいけません。
  자기 것이 아니라고 해서, 함부로 사용해서는 안 됩니다.

6 そう言われてみると　그런 말을 듣고 보니

「～言われる」는 「言う」의 수동형으로서, '타인의 말이나 충고 등을 듣다'라는 뜻이다. 따라서 「言われてみると」는 '남의 말을 듣고서 생각해보니'라는 뜻으로 자주 사용된다.

- そう言われてみると、あれはわたしの思い違いだったかも知れません。
  그러고 보니, 그것은 나의 오해였는지도 모르겠습니다.

- そう言われてみると、これからはもっと働かなければならないような気がしました。
  그런 말을 듣고 보니, 앞으로는 더 일하지 않으면 안될 것 같은 느낌이 들었습니다.

7 動 ～(ない)ずに / 動 ～ないで　～하지 않고

「～ずに」는 「～ないで」의 문어체 표현이다.

- 朝ねぼうをしてなにも食べずに、会社へ行った。
  늦잠을 자서 아무것도 먹지 않고 회사에 갔다.

- 彼はひとことも言わずに、出て行ってしまった。
  그는 한마디도 하지 않고 나가 버렸다.

셀프테스트

1 보기와 같이 밑줄 친 부분을 고쳐 문장을 만드시오.

> 보기
> バスが<u>止まると</u>、いつも倒れそうになります。
> → バスが<u>止まるたびに</u>倒れそうになります。

① 出張に<u>行くと</u>、いつもお土産を買ってきてくれます。
② 給料を<u>もらうと</u>、いつも飲みに行きます。
③ ふたりは顔を<u>合わせると</u>、いつも口げんかをします。
④ 雪が<u>降ると</u>、いつもスキーに行きたくなります。

口(くち)げんか : 말싸움

2 보기와 같이 밑줄 친 부분을 고쳐 문장을 만드시오.

> 보기
> <u>いくら子供でも</u>保護しすぎてはいけません。
> → <u>子供だからといって</u>、保護しすぎてはいけません。

① <u>いくら先輩でも</u>わがままなことをしてはいけません。
② <u>いくら学生でも</u>無責任なことを言っては困ります。
③ <u>いくら安くても</u>なんでも買うことはできません。
④ <u>いくら元気でも</u>毎日飲んではいけません。

わがままな : 버릇없는, 방자한

3 다음 문장을 일본어로 말하시오.

① 한국에 올 때마다 활기 넘치는 분위기를 느꼈습니다.
② 아무리 자기 회사일지라도 기업인에게는 모럴이 있는 법입니다.
③ 이웃을 생각하지 않고 시끄럽게 하는 사람이 많은 것 같습니다.
④ 혼자서 고민하지 않고 동료와 의논하길 잘했다고 생각합니다

모럴 : モラル = moral
동료 : 同僚(どうりょう)
의논 : 相談(そうだん)

문형확인문제

1. 그 아이는 버스가 설 때마다 넘어질 것 같았다.
   その子は、バスが止まる [　　　]、倒れそうになる。

2. 금방이라도 비가 내릴 듯이 찌푸려 있습니다.
   今にも降りだし [　　　] くもっています。

3. 아무리 친절히 하더라도 상대가 알아 주지 않는 것은 슬픈 일이라고 생각했다.
   [　　　] 親切にし [　　　]、相手に分かってもらえないのは悲しいことだと思った。

4. 아이라고 해서 과보호를 해서는 안 된다.
   子供 [　　　]、保護し過ぎてはいけない。

5. 그런 말을 듣고 보니, 그 어머니는 뚜렷한 생각이 있어서 거절했는지도 모르겠다.
   [　　　]、あの母親は、しっかりした考えがあって、断ったかもしれない。

Unit 16

権利と義務
(けんり と ぎむ)

 독해를 위한 어휘체크!

権利(けんり) 권리	追求(ついきゅう) 추구	試合(しあい) 시합
義務(ぎむ) 의무	真(しん) 참됨, 진실	選手(せんしゅ) 선수
基本的(きほんてき)な な形 기본적인	ひとりぼっち 외톨이	よそ見(み)をする 한눈을 팔다
人権(じんけん) 인권	国家(こっか) 국가, 나라	守備(しゅび) 수비
我々(われわれ) 우리, 우리들	集団(しゅうだん) 집단, 무리	属(ぞく)する 소속하다
自由(じゆう) 자유	暮(く)らす 5他 살다, 생활하다	組織(そしき) 조직
幸福(こうふく) 행복	各々(おのおの) 제각기, 각자	たがいに 서로, 상호간에
求(もと)める 1他 추구하다, 찾다	損得(そんとく) 손득, 이해득실	網(あみ)の目(め) 그물코
すなわち 副 즉, 바꿔말하면	義理(ぎり) 의리	結(むす)びつく 5自 연결되다, 결부되다
憲法(けんぽう) 헌법	人情(にんじょう) 인정	工場(こうじょう) 공장
保証(ほしょう) 보증	成(な)り立(た)つ 5自 이루어지다	共同(きょうどう) 공동
尊重(そんちょう) 존중	損(そこ)なう 5他 (건강, 기분을)상하게 하다	営(いとな)む 5他 영위하다
平等(びょうどう) 평등	主張(しゅちょう) 주장	協同(きょうどう) 협동
あつかいを受(う)ける 취급을 받다	個人主義者(こじんしゅぎしゃ) 개인주의자	努(つと)める 1他 노력하다
発表(はっぴょう) 발표	わがまま者(もの) 제멋대로 행동하는 자	一員(いちいん) 일원
政治(せいじ) 정치	利己主義者(りこしゅぎしゃ) 이기주의자	応(おう)じる 1自 응하다
議論(ぎろん) 논의, 논쟁	尊(とうと)ぶ 5他 존중하다	自覚(じかく) 자각
政府(せいふ) 정부	自由主義者(じゆうしゅぎしゃ) 자유주의자	
押(お)さえる 1他 누르다, 억압하다	勤労(きんろう) 근로	

16 権利と義務

（一）基本的人権

　我々は人間としての自由、幸福を求めるためのさまざまの権利を、すなわち基本的人権を憲法で保証され、尊重されています。
　ですから、我々はすべて平等なあつかいを受け、意見を自由に発表することができ、政治についても自由に議論することができるわけです。このような基本的人権はどんな人でも、どんな政府でも、またどんな力でも押さえることはできません。そして、この権利は男女平等で、男だから女だからといった差別のあるものではありません。
　しかし、このように基本的な人権が保証されているからといって、自分の幸福、自分の自由ばかりを追求していいものでしょうか。

（二）真の自由

　人間は世の中にひとりぼっちで生活しているのではありません。家族とか国家とかいろいろな集団を作ってその中で暮らしています。ですから、各々が自分の損得ばかりを考え、義理も人情も忘れてしまったのでは社会生活は成り立ちません。

　自分という個人を大事にすることは知っているが、他人という個人を大事にすることは知らない。自分の幸福や自由の損なわれることはきらうが、他人が自分と同じようにやはりその幸福や自由を大切にしていることを考えようとしない。自分以外の人が同じように自由と幸福とを主張する権利を認めようとしない。こういう人たちは個人を大切にする人―ほんとうの意味の個人主義者とはいえない。

　ただのわがまま者であり、利己主義者であって、ほんとうに自由を尊ぶ人―自由主義者とはいえない。

　自分を大事にすると共に、他人をも尊重し、自分の自由を主張すると共に、他人の自由をも認める。これがほんとうの意味の自由であり、このようにみんなが心がけてこそ、明るい美しい社会が生まれるのです。

（三）勤労の義務

　たとえば、野球の試合で選手のうちのだれかがよそ見をして守備を怠ったら、その選手の属するチームはどうなるでしょうか。
　社会全体の組織もまたそれと同じことで、たがいに網の目のように結びついているのです。学校は村や町で建てているし、学校で使用する本は工場で作られています。またその工場で働く人は村や町に住んで、その子供を学校にやっています。我々はこのように一団となって社会を組織し、共同の生活を営んでいるのです。たがいに協同の精神をもって、明るく美しく社会を作り上げるように努めなければなりません。社会の一員である個人個人はそれぞれ自分の仕事に応じて責任を自覚し、しっかり働かなくてはなりません。
　生きる権利は人間の基本的な権利ですが、それと同時にその社会を美しく明るくするために働く義務のあることを忘れてはなりません。

（『日本語読本』(国際学友会)より）

16

 본문을 읽고 다음 질문에 답해 보세요.

1 私たちの基本的人権は、何によって保証され、尊重されていますか。
2 我々は憲法のおかげで、平等にどんなことをすることができますか。
3 人間は、自分の損得ばかりを考えて、義理や人情を忘れてはいけません。それは、どうしてでしょうか。
4 「ほんとうの意味の自由」とは、どのようなことをいいますか。
5 一団となって社会を組織し、共同の生活を営んでいる私たちは、どんな努力をしなければなりませんか。

権利と義務　101

문형다지기

1 動 ~るわけです   ~하는 것입니다 〈당연〉

「~わけです」는 그렇게 되는 것이 당연하다는 뜻이다.

- きのう習ったばかりだからよくできるわけです。 어제 막 배웠기 때문에 잘 할 수 있는 것입니다.
- まじめに働かなかったので、当然上司にしかられるわけです。
  성실히 일하지 않으니 당연히 상사에게 야단맞는 것입니다.

2 どんな 名 でも   어떠한 ~일지라도

「~でも」는 '~이더라도'의 뜻으로, 어떤 가정의 사항을 제시하여 보편적으로 그렇게 되기 어려운 사항을 연결할 때 사용한다.

- 会社のためなら、どんなことでもします。 회사를 위해서라면 어떠한 일이라도 하겠습니다.
- お金があれば、どんなものでも買えます。 돈이 있으면 어떠한 것이라도 살 수 있습니다.
- この盾はどんな矛でも防ぐことができます。 이 방패는 어떠한 창이라도 막아낼 수 있습니다.

3 動 ~るからといって   ~한다고 해서

15과 문형 5와 같은 표현으로서, 동사에 접속한 예이다.

- 雨が降っているからといって、休むことはできません。 비가 온다고 해서, 놀 수는 없습니다.
- 冷蔵庫に入れてあるからといって、安心してはなりません。
  냉장고에 들어있다고 해서, 안심해서는 안 됩니다.
- 成績が上がらないからといって、子供をしかってはいけません。
  성적이 오르지 않는다고 해서, 아이를 야단쳐서는 안 됩니다.

4 動 ~ていいものでしょうか   ~해서 좋은 것일까요? 〈반문〉

「~ていいでしょうか」는 단순한 질문이지만, 여기서는 억양을 강하게 발음하여 '~해서 되겠어요?'라는 뜻으로 사용되고 있다. 「~もの」는 강조를 나타낸다.

- 休みだからといって、そう遊んでばかりいていいものでしょうか。
  휴일이라고 해서, 그렇게 놀고만 있어도 될까요?
- 飯が食えるようになったからといって、むだづかいをしていいものでしょうか。
  먹고 살만하게 되었다고 해서 낭비를 해도 좋은 것일까요?

5　動 ～たのでは　～해서는

여기서 「～では」는 수단이나 방법을 나타낸다.

- 各々が自分のことばかり主張していたのでは、どうにもなりません。
  각자가 자기의 입장만 주장하고 있어서는 어떻게도 되지 않습니다.

- だれもが規則を守らなくなったのでは、社会生活は成り立ちません。
  모두가 규칙을 지키지 않게 되면 사회생활은 성립되지 않습니다.

6　動 ～るとともに　～함과 동시에

「～ともに」는 '～함께, 동시에'라는 뜻으로, 주로 「～とともに」의 형으로 사용된다. =「～と同時に」

- あなたの意見に賛成するとともに、これからの協力を約束します。
  당신의 의견에 찬성함과 동시에, 앞으로의 협력을 약속합니다.

- ことばを習うと同時に、その国の文化も習ったほうがいいです。
  말을 배우는 것과 동시에, 그 나라의 문화도 익히는 편이 좋습니다.

7　動 ～てこそ　～하여 비로소

「～こそ」가 동사의 「～て」형에 붙어 '～하여 비로소'라는 뜻으로 사용되었다.

- あなたが行ってこそ、みんなが喜びます。　당신이 가야만 모두가 기뻐할 것입니다.

- 大人になってこそ、親のありがたみがわかる。　어른이 되어야 비로소 부모님의 은혜를 알게 된다.

8　動 ～てはならない　～해서는 안 된다

「～てはいけない」보다 강제력이나 구속력이 있는 표현이다.

- 自分のものでもむだに使ってはなりません。　자기 것이라도 함부로 사용해서는 안 됩니다.

- 生きるためにはなにか食べなくてはなりません。　살기 위해서는 무언가 먹지 않으면 안 됩니다.

9　語句

よそ見をする 한눈을 팔다

授業中によそ見をしてはいけません。　수업중에 한눈을 팔아서는 안 됩니다.

셀프테스트

1 보기와 같이 밑줄 친 부분을 고쳐 문장을 만드시오.

> 보기 自分のことばかり<u>考えていると</u>、友達ができません。
> → 自分のことばかり<u>考えていたのでは</u>、友達ができません。

❶ のんきなことばかり<u>していると</u>、だれにも認められません。
❷ 他社のまねばかり<u>していると</u>、時代についていけません。
❸ 主観を<u>まじえると</u>、読者から批判されやすいです。
❹ いつもうそばかり<u>ついていると</u>、仲間から除け者にされます。

主観(しゅかん)をまじえる：
주관을 개입시키다

2 보기와 같이 밑줄 친 부분을 고쳐 문장을 만드시오.

> 보기 <u>大人になってやっと</u>、親のありがたみがわかる。
> → <u>大人になってこそ</u>、親のありがたみがわかる。

❶ 1年以上<u>勉強してやっと</u>日本語のおもしろさがわかってくる。
❷ 学校を<u>卒業してやっと</u>学生時代の良さがわかる。
❸ 恋人と<u>別れてやっと</u>その優しさがわかるときもある。
❹ みんなが心を<u>合わせてやっと</u>豊かな国づくりができます。

3 다음 문장을 일본어로 말하시오.

❶ 모두가 자기일에 최선을 다할 때 비로소 건전한 사회가 만들어집니다.
❷ 아랫사람에게만 충성을 요구해서는 절대로 신뢰받지 못합니다.
❸ 언제까지나 부모에게 의지해서는 훌륭한 사람이 될 수 없습니다.
❹ 윗사람이 바른 행동을 할 때 비로소 밝고 깨끗한 사회가 됩니다.

최선을 다하다 : 最善(さいぜん)を尽(つく)す

훌륭한 : 立派(りっぱ)な
행동 : 行(おこな)い

문형확인문제

1. 정치에 관해서도 자유롭게 토론할 수가 있는 것입니다.
   政治についても自由に議論することができる﹍﹍﹍。

2. 기본적인 인권이 보증되어 있다고 해서, 자기의 자유만을 추구해도 좋은 것일까요?
   基本的な人権が保証されている﹍﹍﹍、自分の自由ばかりを追求していいものでしょうか。

3. 이와 같이 모든 사람들이 유념할 때 비로소 밝고 아름다운 사회가 만들어 지는 것입니다.
   このようにみんなが心がけて﹍﹍﹍、明るい美しい社会がうまれるのです。

4. 사회를 아름답고 밝게 만들기 위하여 일할 의무가 있다는 사실을 잊어서는 안 됩니다.
   社会を美しく明るくするために働く義務のあることを忘れ﹍﹍﹍。

Unit 17

ともだち
友達

독해를 위한 어휘체크!

向(む)かい合(あ)う	마주보다
語(かた)る 5他	말하다, 논하다
それでいて	그러면서도
互(たが)い	서로, 상호간
目(め)つき	눈짓, 눈매, 눈초리
微笑(びしょう)	미소
心持(こころも)ち	마음, 기분
物語(ものがた)る 5他	이야기하다
疑(うたが)い	의심
二重(にじゅう)に	이중으로
祝福(しゅくふく)	축복
苦(くる)しさ	괴로움
救(すく)う 5他	구조하다, 구하다
いっそう(一層)	한층, 더욱
困難(こんなん)	곤란
努(つと)める 1他	노력하다, 애쓰다
生(う)まれながら 副	태어날 때부터
不可能(ふかのう)	불가능
品性(ひんせい)	품성, 성품, 인격
立派(りっぱ)な な形	훌륭한, 멋진
人格(じんかく)	인격
向上(こうじょう)	향상
隣人(りんじん)	이웃, 이웃 사람
人間愛(にんげんあい)	인간애
仁愛(じんあい)	남을 사랑하는 마음
利害(りがい)	이해, 이해득실
離(はな)れる 1自	떨어지다, 떠나다
純粋(じゅんすい)な な形	순수한
握(にぎ)る 5他	쥐다, 잡다
得(え)る 1他	얻다
世(よ)	세상
一生(いっしょう)	일생, 평생
めぐり合(あ)う 5自	해후하다, 만나다
偶然(ぐうぜん)な な形	우연한
理解(りかい)	이해
至(いた)る 5自	이르다, 도달하다
はなはだしい に形	심하다
外面的(がいめんてき)	외면적
事情(じじょう)	사정
友達運(ともだちうん)	친구운
財産(ざいさん)	재산
名誉(めいよ)	명예
授(さず)ける 1他	주다, 전하다
いかなる	여하한, 어떠한
利益(りえき)	이익
感謝(かんしゃ)	감사
幸運(こううん)	행운
年(とし)ごろ	(대체로 본) 나이의 정도
研究(けんきゅう)	연구
容易(ようい)な な形	용이한, 쉬운
まして 副	하물며, 더구나
国籍(こくせき)	국적
風俗習慣(ふうぞくしゅうかん)	풍속 습관
異(こと)なる 5自	다르다, 틀리다
つきあい	사귐, 교제

17 友達

　じっと向かい合って、何も語ることもなく、いつまでもいつまでもだまっている。それでいて、互いの心の中は、ちょうど自分の心と同じようによくわかっている。一つの目つき、一つの微笑が、その心持ちを物語るのに十分なのだ。

　互いに信じ合い、互いに愛し合って、少しの疑いもその間にない友達がひとりでもあれば、私たちは二重に人生を生きることができるのだ。ただ自分ばかりでなく、友達によっても生きることができるのだ。嬉しいときは友達によって祝福され、悲しいときは友達によって慰められ、友達によって苦しさから救われる。こんな友達があったら、どんなに幸福なことであろう。

　よい友達であることは、よい父であり、よい兄弟であるのよりいっそう困難であると同時に、いっそう重要なことでもある。よい父やよい兄弟には、努めなくてもなりえようが、よい友達であることは、十人のうち七・八人までが生まれながらでは不可能である。たいていの人が、それには、品性を立派にし、人格の向上に努めることを必要とするのだ。

　隣人の愛とか、人間愛とか、仁愛とかいうことは、まず友達の愛から始めなければならない。利害を離れ、純粋に友達を愛することができれば、愛の世界のかぎはすでに握られているのである。

　友達を得るのは、主として運である。どんなにいい友達になれる人が、この世のどこかにいても、一生めぐり合わないでしまえばそれまでである。また、どんなにいい友達になりえる人でも、他の偶然な理由から、互いに理解するに至らないで別れてしまう場合もある。はなはだしい場合には、最もいい友達であった人たちが、ある外面的なちょっとした事情のために、最もはげしい敵となっていることさえ少なくないのである。

友達運のいい人は、真に幸福な人である。財産にめぐまれるよりも、名誉を授けられるよりも、そのほか、いかなる利益を与えられるよりも、いい友達を持ったほうがほんとうの人間らしい。いい友達は人間にとって最も感謝すべき幸運なのである。

　同じ国、同じ年ごろ、同じ研究をする人たちの間でも、真の友達を得ることは容易なことではない。まして、国籍がちがい、風俗習慣もまた趣味も異なった人たちの間に真の友達を得ることは、もっと困難である。こう考えるとき、私たちが今、この日本語学校で世界各国の学生たちと共に勉強できるということは、また、広く世界各国の学生たちとほんとうの意味の友達としておつきあいできるということは、このうえない喜びと言わなければならない。

(『日本語読本』(国際学友会)3より)

 본문을 읽고 다음 질문에 답해 보세요.

1 どんな友達がいれば、私たちは二重に人生を生きることができるのでしょうか。
2 よい友達であることは、どうして、よい父であり、よい兄弟であるのより困難で、重要なことなのでしょうか。
3 友達を得るのは、主として運であると言えるが、その理由を３つ挙げなさい。
4 友達と恋人、どちらが重要だと思いますか。それはどうしてですか。

문형다지기

1. 動 ～ること(も)なく   ～하는 바 없이

문어체 표현으로 연설문 등에 주로 사용된다.

- 一日も休むことなく、30年も働いた。 단 하루도 쉬는 일 없이 30년이나 일했다.
- 一ページも落とすことなく、最後まで読み終わった。
  단 한 페이지도 빠뜨리는 일 없이 끝까지 다 읽었다.

2. 動 ～(ます)＋合う   서로 ～하다

「～合う」는 동사의 「～ます」형에 붙어 '서로 ～하다'라는 뜻의 복합동사를 만든다.

- この問題はみんなで話し合って決めましょう。 이 문제는 다같이 의논하여 결정합시다.
- あのふたりはなぐり合っています。 그 두 사람은 치고 받고(싸우고) 있습니다.

이 말은 다시 「～(ます)＋合い」형으로 복합명사를 만든다.

- 最近は南北の話し合いがうまく行っていません。 최근에는 남북 대화가 잘 이루어지고 있지 않습니다..
- あのふたりは日曜日に見合いをすることになっています。
  그 두 사람은 일요일에 맞선을 보기로 되어 있습니다.

3. Aばかりでなく B も   A뿐만 아니라 B도

「AだけでなくBも」와 같은 뜻이다.

- わたしは日本語ばかりでなくドイツ語もできます。 나는 일본어 뿐만 아니라 독일어도 할 줄 압니다.
- この本は大人ばかりでなく子供にも広く読まれています。
  이 책은 어른들만이 아니고 아이들에게도 널리 읽혀지고 있습니다.

4. どんなに～であろう   얼마나 ～일(할) 것인가

「～であろう」는 「～だろう」의 문어체 표현인데, 「どんなに～であろう」형태로, '아주 ～하겠지'라는 감탄이나 소망의 뜻을 나타낸다.

- この手紙を読んだら、どんなに嬉しいことであろう。 이 편지를 읽는다면 얼마나 기쁘겠는가.
- 鳥のように空を飛べたら、どんなに楽しいことであろう。
  새처럼 하늘을 날 수 있다면 얼마나 즐거울까.

5 動 ～(ます)えようが　～할 수 있겠지만

「える」는 가능을 나타내는 문어체 표현이고, 「よう」는 추량표현이다.

- 冬でも花は咲きえようが、太陽が西からのぼることはありえない。
  겨울에도 꽃은 필 수 있겠지만, 태양이 서쪽에서 뜨는 일은 있을 수 없다.
- お金がなくても生きえようが、愛がなくては生きられません。
  돈없이는 살 수 있겠지만, 사랑 없이는 살 수 없습니다.

6 動 ～てしまえばそれまでです　～해 버리면 그만입니다

「それまで」는 '그것 이외에 달리 방법이 없다', '그것으로 끝이다'라는 뜻이다.

- 政治家は一度選挙でまけてしまえばそれまでです。
  정치가는 한번 선거에서 패배해 버리면 그것으로 끝입니다.
- どんなに有名な会社でも不渡りを出してしまえばそれまでです。
  아무리 유명한 회사라도 부도를 내버리면 그것으로 끝입니다.

7 名 ＋らしい　～답다

여기서 「～らしい」는 '답다'의 뜻으로 복합형용사를 만드는 접미어로 사용되었다.

- ぼくは男らしい男になりたいです。　나는 남자다운 남자가 되고 싶습니다.
- このごろの女性はあまり女らしくないです。　요즘 여성은 그다지 여성답지 않습니다.

8 名 ＋にとって　～에게 있어서

「～にとって」는 특정한 경우로 제한하여 말할 때 사용된다.

- それはわたしにとって、興味のある問題です。
  그것은 나에게 있어서, 흥미있는 문제입니다.
- 海外旅行は現代人にとって、もう珍しいことではありません。
  해외여행은 현대인에게 있어서, 이제 신기한 일이 아닙니다.

셀프테스트

1 보기와 같이 밑줄 친 부분을 고쳐 문장을 만드시오.

> 보기
> 一度選挙で<u>まけると</u>、それで<u>おしまいです</u>。
> → 一度選挙で<u>まけてしまえば</u>、それ<u>までです</u>。

① 一度信用を<u>失うと</u>、それでおしまいです。
② 一度<u>疑われると</u>、それでおしまいです。
③ どんなにいい本でも<u>本棚にしまわれると</u>、それでおしまいです。
④ どんなにいいチャンスでも<u>見逃すと</u>、それでおしまいです。

信用(しんよう)を失(うしな)う : 신용을 잃다

見逃(みのが)す : 간과하다, 못보고 넘기다

2 보기와 같이 밑줄 친 부분을 고쳐 문장을 만드시오.

> 보기
> いい友達は最も<u>感謝しなければならない</u>幸運です。
> → いい友達は最も<u>感謝すべき</u>幸運です。

① 自立経済は韓国人にとって<u>目指さなければならない</u>目標です。
② きょうは<u>守らなければならない</u>大事な約束があります。
③ 人生には<u>たどらなければならない</u>いくつかの段階がある。
④ 男には<u>勝負しなければならない</u>時期があるものです。

勝負(しょうぶ) : 승부

3 다음 문장을 일본어로 말하시오.

① 그는 지금껏 불평 한마디 하는 일 없이 성실히 일해 왔습니다.
② 그의 우수함은 우리뿐만 아니라 전업계에 알려져 있습니다.
③ 모든 사람이 서로 양보하는 사회가 된다면 얼마나 행복할까요.
④ 아무리 실력이 있더라도 한번 신뢰를 잃어 버리면 끝장입니다.

신뢰 : 信頼(しんらい)

문형확인문제

1. 가만히 마주 보며, 말 한 마디도 하지 않고, 언제까지나 잠자코 있다.
   じっと向(む)かい合(あ)って、何(なに)も語(かた)る＿＿＿＿、いつまでもいつまでもだまっている。

2. 좋은 아버지나 좋은 형제는 노력하지 않고서도 될 수 있지만, 좋은 친구가 되는 것은 열 명 중 7, 8명까지는 태어나면서부터는 불가능하다.
   よい父(ちち)やよい兄弟(きょうだい)には、努(つと)めなくてもなり＿＿＿＿、よい友達であることは、十人のうち七・八人までが生まれながらでは不可能である。

3. 어떠한 이익을 얻는 것보다도, 좋은 친구를 갖는 편이 참된 인간답다.
   いかなる利益(りえき)を与えられるよりも、いい友達を持(も)ったほうがほんとうの人間(にんげん)＿＿＿＿。

4. 좋은 친구는 인간에게 있어서 가장 감사할 만한 행운인 것이다.
   いい友達は人間に＿＿＿＿、最も感謝(かんしゃ)すべき幸運(こううん)なのである。

Unit 18

抗議(こうぎ)する義務(ぎむ)

 독해를 위한 어휘체크!

抗議(こうぎ) 항의	間違(まちが)い 잘못, 틀림	きまりが わるい 부끄럽다, 계면쩍다
不正(ふせい)な な形 부정한, 옳지 못한	利己的(りこてき) 이기적	押(お)し切(き)る 5他 무릅쓰다, 누르다
申(もう)し込(こ)む 5他 신청하다	底(そこ) 아래, 밑바탕	正当(せいとう)な な形 정당한
乗客(じょうきゃく) 승객	意識(いしき) 의식	平気(へいき)な な形 태연한
列(れつ) 열, 줄	潜(ひそ)む 5自 숨다, 잠기다	先方(せんぽう) 상대편
順々(じゅんじゅん)に 副 차례차례로	というのは 語 왜냐하면	理屈(りくつ)が 合(あ)う 조리가 맞다
わき 옆, 곁	明白(めいはく)な な形 명백한	返答(へんとう) 대답
割(わ)り込(こ)む 5自 끼어들다	限(かぎ)る 5他 한하다, 국한하다	引(ひ)っ込(こ)む 5自 취소하다
黙認(もくにん) 묵인	おそらく 副 아마, 아마도	納得(なっとく) 납득
横(よこ) 곁, 옆	被害(ひがい) 피해	きわめて 副 아주, 극히
ずるずる 副 질질, 어물어물	及(およ)ぶ 5自 미치다, 이르다	日常(にちじょう) 일상, 평소
黙許(もっきょ) 묵인하고 허용하는 것	取(と)り残(のこ)す 5自 따로 남기다	物事(ものごと) 사물
道徳的(どうとくてき) 도덕적	正直(しょうじき) 정직	筋(すじ)が 通(とお)る 논리가 맞다
罪悪(ざいあく) 죄악	公衆道徳(こうしゅうどうとく) 공중도덕	人類(じんるい) 인류
承知(しょうち) 알다, 깨닫다	最後(さいご) 마지막, 맨 끝	訓練(くんれん) 훈련
むやみな な形 함부로, 마구	未知(みち) 미지	末(すえ) 끝, 마지막
やかましい い形 시끄럽다	果(は)たす 5他 다하다, 달성하다	作用(さよう) 작용
はしたない い形 경박하다, 조심성 없다	義務(ぎむ)を 果(は)たす 의무를 다하다	両面(りょうめん) 양면

18 抗議する義務

「日本人は、どうも、抗議する義務を知らないから困る。」と言った友人があった。何か不正なことがあった場合に、それに抗議を申し込むのは、権利でなくて、義務だというのである。これは、なかなか味のある言葉である。
　例えば、電車に乗る場合に、乗客が長い列を作って待っている。やっと電車が来て、乗客が順々に乗り込む。そのとき、わきからその列に割り込んで、電車に乗ってしまう人がよくある。そういうときに、自分の前に、わきからひとりぐらい割り込んできても、ちょっといやな顔をするくらいで、そのまま黙認してしまうことがある。

こういう場合は、「横から割り込んではいけません。」と抗議を申し込むべきである。それを、ずるずる黙許してしまうことは、一つの道徳的な罪悪であることを、よく承知すべきである。ひとりぐらいのことに、むやみとやかましく言うことをなんとなくはしたないように考えるのはたいへんな間違いである。これは、はしたないなどという問題ではない。実は、非常に利己的な考えが、その人の心の底に意識されないで潜んでいるのである。

　というのは、わきから、だれかが割り込んできても、黙許してしまうのは、自分も、その人について電車に乗り込めることが明白な場合に限るからである。もし、その人が乗ることによって、自分が乗れなくなる場合だったら、おそらく抗議を申し込むに違いない。それをずるずる黙許するのは、被害が自分に及ばないからである。しかし、そのために、だれか、取り残される人が出てくるかもしれない。そうすると、その人は、次の電車まで長い間待たなければならないのである。

　したがって、この場合、抗議をすることは、権利というよりも、むしろ義務である。正直に公衆道徳を守って、列の最後のほうについている未知のひとりの友人に対して、当然果たさなければならない義務なのである。きまりが悪いということは、確かにあるが、それくらいのことは押し切って行うべき義務なのである。

列の中に割り込むというような、明白な悪いことに対してはもちろんのこと、それほどはっきりしていない場合にも、自分で正当と考えた抗議は、平気ですればよいのである。もし、先方に理屈があり、または、何か事情があったら、返答があるはずである。その返答が、なるほどと納得できたら、抗議を引っ込めたらよい。これは、きわめて当然な話である。

　けれども、そういう、あまりにも当然なことが、なかなか行われない。これは、日常すべての問題について、自分の頭で物事を考える人があまり多くないからである。理屈が合えば、なるほどと思うとか、筋が通れば、納得するとかいうこと、すなわち、当然なことを当然と思うことは、実は、人類の長い間の訓練の末に出てきた考え方なのである。

　筋が通った話には納得するということと、筋の通らない話には抗議することとは、同じ頭の作用の両面である。だから、抗議しない人間は、真実に対しても、納得のできない人間なのである。

　『日本語2』(東京外大付属日本語学校)より

18

 본문을 읽고 다음 질문에 답해 보세요.

1 長い列を作って電車を待っているとき、その列に割り込んで、電車に乗ってしまう人がよくいます。そういうときに、どうすべきですか。
2 筆者によると、何か不正なことがあった場合に、それに抗議を申し込むことは、権利ですか。義務ですか。
3 わきから、だれかが割り込んできても、黙認してしまうのは、どのような場合ですか。
4 日常すべての問題について、あまりにも当然なことが、なかなか行われないのは、どうしてでしょうか。
5 なぜ、抗議しない人間は、真実に対しても、納得のできない人間なのでしょうか。
6 マナーが悪い人を注意すべきだと思いますか。注意するときはどうやって注意したらいいですか。

문형다지기

1 名1 で(は)なくて、名2 です　～이 아니고, ～입니다

「では ないで」형태는 쓰지 않으므로 주의.

- あの人は日本人ではなくて、中国人です。　저 사람은 일본인이 아니고, 중국인입니다.
- これは田中さんのではなくて、木村さんのです。　이것은 다나카 씨 것이 아니고, 기무라 씨 것입니다.

2 名 に限る　～에 국한되다, 한정되다 〈제한〉

「限る」는 범위나 조건 등을 제한하는 뜻을 갖고 있다.

- 希望者は新入社員に限る。　희망자는 신입사원에 한한다.
- 時間がないので、スピーチはひとり5分に限ります。　시간이 없으므로, 스피치는 한 사람 5분에 한합니다.

3 動 ～ることによって　～함으로써

「～によって」는 수단이나 방법을 나타내는 말로서, 「～ること」가 다음에 오는 결과의 수단으로 작용함을 뜻한다. 비슷한 표현으로 「～ることで」라는 말도 사용된다.

- 日本語を習うことによって、日本人の考え方がわかってきました。
  일본어를 배움으로써, 일본인의 사고방식을 알게 되었습니다.
- 南北が一つになることによって、もっと強い国になるはずです。
  남북이 하나가 됨으로써, 더 강한 나라가 될 것입니다.
- 愛を覚えることで、人生の苦しみを味わいました。
  사랑을 느낌으로써, 인생의 괴로움을 맛보았습니다

4 ～に違いない　～임에 틀림없다

「～に違いない」는 '～임에 틀림없다'는 뜻으로 공손하게 말할 때는 「～に違いありません」이라고 한다.

- あの成績なら合格するに違いないでしょう。　그런 성적이라면 합격할 것임에 틀림없을 것입니다.
- そんなことをするのはあの人に違いありません。　그런 짓을 하는 사람은 저 사람임에 틀림없습니다.
- 彼は何か真相をかくしているに違いありません。　그는 무엇인가 진상을 숨기고 있음에 틀림없습니다.

5 A はもちろん(のこと) B も   A는 물론이고 B도

> 「もちろんのこと」의 「～こと」는 강조의 뜻을 갖는다.

「もちろん」대신 「いうまでもなく」(말할 나위도 없고)로 바꾸어 쓰기도 한다.

- 日本語は話すのはもちろんのこと、書くのも難しいです。
  일본어는 말하는 것은 물론이고, 쓰는 것도 어렵습니다.

- あの子は両親の顔はもちろん、名前さえ知らなかった。
  그 아이는 양친의 얼굴은 물론 이름조차 몰랐다.

- 彼はサッカーはもちろん、野球も上手です。 그는 축구는 말할 것도 없고 야구도 잘합니다.

6 名 の末に   ~끝에

「末」는 '끝, 마지막'이라는 뜻으로, 결과를 설명할 때 사용한다. 「動 ～た末」도 사용된다.

- 口論の末になぐり合ってけがをしました。 말다툼 끝에 치고 받고 하다가 다쳤습니다.

- 3年にわたった研究の末に発見したのです。 3년에 걸친 연구 끝에 발견했습니다.

[참고] いろいろ考えた末にあの人と結婚することにしました。
여러가지로 생각한 끝에 그 사람과 결혼하기로 했습니다.

7 語句

きまりが悪い 어색하다, 계면쩍다

きのうけんかをしたので、あの人に会うのはきまりが悪いです。
어제 싸움을 했기 때문에, 그 사람을 만나는 것은 계면쩍습니다.

理屈が合う 조리(사리)가 맞다

あの人は理屈が合わないことばかりいうので、困ります。
저 사람은 조리가 맞지 않는 말만 하기 때문에 곤란합니다.

筋が通る 논리, 도리가 통하다

筋が通った正しいことなら、えんりょなく言ってください。
논리가 정연한 바른 일이라면 사양말고 말해 주세요.

顔を する 얼굴(표정)을 하다

彼はきょうは珍しい嬉しそうな顔をしています。 그는 오늘은 오랜만에 환한 표정을 짓고 있습니다.

셀프테스트

1 보기와 같이 밑줄 친 부분을 고쳐 문장을 만드시오.

> 보기
> おそらく抗議をする<u>はずです</u>。
> → おそらく抗議をする<u>に違いありません</u>。

① 彼ならこれぐらいのことは<u>聞いてくれるはずです</u>。
② 以前は今よりずっと、<u>静かだったはずです</u>。
③ 日本では家賃も高いし、生活費がもっと<u>かかるはずです</u>。
④ 年末には国道のほうが高速道路よりもっと<u>便利なはずです</u>。

国道(こくどう) : 국도

2 보기와 같이 밑줄 친 부분을 고쳐 문장을 만드시오.

> 보기
> 日本語を<u>習ったら</u>、日本人の考えかたがわかってきました。
> → 日本語を<u>習うことによって</u>、日本人の考えかたがわかってきました。

① 彼と<u>つきあったら</u>、人生が明るくなってきました。
② 互いに<u>理解し合ったら</u>、社会は明るくなります。
③ 相手を徹底に<u>把握したら</u>、勝負に勝ちました。
④ 毎朝<u>ジョギングしたら</u>、体重が減ってきました。

把握(はあく) : 파악
ジョギング : 조깅 ▶ jogging

3 다음 문장을 일본어로 말하시오.

① 친구의 잘못을 모르는 체 하는 것은 우정이 아니고 무책임입니다.
② 8시까지 입장하시는 손님에 한하여 맥주 한 병에 2,000원에 모시겠습니다.
③ 기업은 세금을 냄으로써 사회적 책임을 져야 합니다.
④ 담배를 많이 피우면 건강이 나빠질 것임에 틀림없습니다.

모르는 체하다 :
知(し)らん顔(かお)をする

세금을 내다 :
税金(ぜいきん)を収(おさ)める

문형확인문제

1. 무엇인가 부정이 있는 경우에, 그것에 대하여 항의를 하는 것은 권리가 아니라 의무입니다.
   何か不正があった場合に、それに抗議を申し込むのは、権利 _____ 、義務です。

2. 만약, 그 사람이 탐으로써, 자기가 탈 수 없게 되는 경우라면 아마도 항의를 할 것임에 틀림없.
   もし、その人が乗ることによって、自分が乗れなくなる場合だったら、おそらく抗議を申し込む _____ 。

3. 당연한 것을 당연하다고 생각하는 것은, 실은 인류의 오랜 훈련 끝에 생겨난 사고 방식인 것이다.
   当然なことを当然と思うことは、実は、人類の長い間の訓練 _____ 出てきた考え方なのである。

4. 어제 싸움을 했기 때문에, 그 사람을 만나는 것은 계면쩍습니다.
   きのうけんかをしたので、あの人に会うのは _____ です。

Unit 19

季節風（きせつふう）と日本人（にほんじん）

독해를 위한 어휘체크!

季節風(きせつふう) 계절풍	とりまく 5他 둘러싸다	ことに 副 특히
島々(しまじま) 섬들	野山(のやま) 산과 들	短詩(たんし) 단시, 짧은 시
はさむ 5他 끼우다, 집어넣다	敏感(びんかん) 민감	要素(ようそ) 요소
おおう 5他 덮다, 가리다	描(えが)く 5他 그리다, 묘사하다	美術(びじゅつ) 미술
寒暑(かんしょ) 한서, 추위와 더위	寂(さび)しさ 쓸쓸함	日本画(にほんが) 일본화
さらす 5他 비바람을 맞히다	あきらめ 체념	とらえる 1他 붙잡다, 쥐다, 포착하다
及(およ)ぼす 5他 미치게 하다, 끼치다	桃(もも) 복숭아나무, 복숭아	しみこむ 5他 스며들다, 배어들다
倒(たお)す 5他 쓰러뜨리다	菜(な)の花(はな) 유채꽃	模様(もよう) 무늬
田畑(たはた) 논밭	ちょう 나비	びょうぶ 병풍
うっとうしい い形 (날씨가) 지루하다	おぼろ月(づき) 희미한 달	掛(か)け物(もの) 족자, 걸이
梅雨(ばいう) 장마(=つゆ)	青葉(あおば) 푸른 잎, 신록	床(とこ)の間(ま) 도코노마 (일본식 방의 상좌에 바닥을 약간 높여 만들어 놓은 곳. 꽃이나 족자 등으로 꾸며 놓음.)
しのぐ 5他 참다, 넘기다, 견디다	ほととぎす 두견새	
工夫(くふう) 연구, 생각	ほたる 반딧불	
祖先(そせん) 선조	明月(めいげつ) 명월, 밝은 달	生(い)け花(ばな) 꽃꽂이
採(と)り入(い)れる 1他 받아들이다	菊(きく) 국화	茶(ちゃ)わん 찻잔
土地柄(とちがら) 지역 특색, 풍습	雪景色(ゆきげしき) 설경	支(ささ)える 1他 받치다, 지탱하다
移(うつ)り変(か)わり 변화, 변천	年中行事(ねんじゅうぎょうじ) 연중행사	改(あらた)めて 副 다시 한번, 다시
きわだつ 5自 두드러지다, 특출하다	題材(だいざい) 제목, 주제	

19 季節風と日本人

　日本の島々は、アジア大陸と太平洋の間にはさまれています。大陸は、冬になると、厳しい寒さにおおわれ、また、夏は夏で暑さが厳しく、一年を通じて、寒暑の差は極めて大きいのです。日本は、冬になると、北西からの冷たい風にさらされ、また、夏が来ると、太平洋から大陸の方へ流れ込む風を受けることになります。このような風の動きを、季節風といっています。

　この季節風は、日本ばかりでなく、東洋一帯の気候を大きく動かしているのですが、特に日本は、その影響を強く受けています。そして、それが直接に、また間接に、日本人の生活や風俗のうえに、また、心の底に及ぼしている影響も少なくありません。

まず第一に、それは、直接に、わたしたちの生活や健康のうえに大きな影響を与えています。台風や大雨・大雪・大水などのために、家が倒され、田畑が流される。乾燥した冷たい風や、うっとうしい梅雨などが、病気の原因になる場合も少なくありません。

　第二に、わたしたち日本人の風俗は、世界のほかの国々と変わった形をとっていますが、これは、日本独特の気候によるところが大きいといえます。太平洋を渡ってくる夏の湿った風は、暑い夏を、いっそう暑苦しくしています。雨も多いその蒸し暑い夏をなんとかしてしのごうと、昔から、工夫に工夫を重ねられてきた結果が、今日の日本式の生活や風俗なのです。わたしたちの祖先は、冬の寒さについてはあまり考えなかったようです。今日の、わたしたちが冬を暖かく過ごすための工夫は、明治から大正、昭和の時代にかけて、西洋から多く採り入れたものです。

　第三に、衣食住の生活のために使う材料のことです。日本にたくさんあるもの、日本でいくらでもとれるものを材料として使うということになれば、その材料になる植物にしても、また動物にしても、まず、日本の風土や気候によって制限を受けていることがわかります。例えば、日本人が米を主食としていることや、木造の家に住んでいることなども、日本の土地柄や気候、季節風という面から考えてみることが必要でしょう。

最後に、もう一つ。季節風のおかげで、我が国では、一年を通じて四季の移り変わりがきわだっています。そして、その移り変わりに従って、わたしたちの生活をとりまく野山の景色が、美しく変わっていきます。日本人が、昔から、特に季節の移り変わりに敏感で自然を愛する気持ちが強いのは、そのためだといえるでしょう。文学のうえでも、昔からその季節季節の自然の美しさを描き、そのなかに、人々の喜びや悲しみ、寂しさやあきらめの気持ちを表す、そういった作品が多いのです。

　春は桃や桜や菜の花、ちょう、おぼろ月。夏は青葉、ほととぎす、ほたる。秋は明月、紅葉、菊。そして、冬は雪景色。こうした自然の姿と、それにともなう祭りや遊びの年中行事、それらがみんな、文学の題材に採り入れられています。ことに、日本独特の短詩の形式である和歌や俳句の世界では、それがだいじな要素となっています。美術のうえでも、同じことがいえます。日本画の美しさは、主に自然の姿の美しさをとらえたものです。自然を愛する日本人の気持ちは、その生活や風俗の中にまでしみこんでいます。例えば、女性の着物の美しい模様、ふすまやびょうぶ、掛け物などの絵、床の間の生け花、盆やさら、茶わんなどにかいてある絵。しかし、近ごろでは生活が大きく変化してきたため、こうした日本風の美しいものが、しだいに失われようとしているのです。

　このように、季節風というものが、現在まで日本人の生活を、文化を、そして、日本の歴史までも支えてきたことを、改めて知ってほしいと思います。

（『日本語2』(東京外大附属日本語学校)より）

 본문을 읽고 다음 질문에 답해 보세요.

1 日本では、どんな風の動きを、「季節風」と言いますか。
2 日本は、季節風の影響を強く受けています。その例を4つ挙げなさい。
3 日本独特の和歌や俳句の世界では、何が大事な要素となっていますか。
4 日本において、現在まで季節風が支えてきたものを3つ挙げなさい。
5 韓国では(あなたは)、夏は涼しく、冬は暖かく過ごすために、どうしてますか。
6 韓国のどんな伝統文化や伝統的な生活を守っていくべきだと思いますか。また、どのような部分を変えるべきだと思いますか。

문형다지기

1. 名 は 名 で　~은 ~대로, 나름으로

여기서 「~で」는 '~대로, 나름으로'라는 뜻으로 사용되고 있다.

- 昼は昼で自動車の音が、やかましいです。 낮에는 낮대로 자동차 소리가 시끄럽습니다.
- 夜は夜でテレビの音がうるさいです。 밤에는 밤대로 피아노 소리가 시끄럽습니다.
- 彼は彼でいいぶんがあるでしょう。 그는 그 나름으로 할 말이 있겠지요.

2. 動 ~るところ　~하는 바

「~ところ」는 그 쓰임새가 매우 다양한데, 여기서는 범위를 나타낸다.

- 聞くところによると、新しい国語辞典が出るそうです。
  들은 바에 의하면, 새로운 국어 사전이 나온답니다.
- 韓国経済の発展は、黙ってまじめに働いてくれた労働者の犠牲によるところが大きいでしょう。 한국경제의 발전은 묵묵히 성실하게 일해준 노동자들의 희생에 힘 입은 바가 클 것입니다.

3. 名 に 名 を重ねて　~에 ~을 거듭하여

「~重ねる」는 '겹치다', '중복하다'의 뜻인데, 여기서는 동작성명사에 붙어 '어떤 행위나 노력을 거듭하다'라는 뜻이다.

- 失敗に失敗を重ねて、財産をなくした。 실패에 실패를 거듭하여 재산을 탕진했다.
- 会議に会議を重ねたが、結論は出せなかった。 회의에 회의를 거듭했지만, 결론은 못냈다.
- 研究に研究を重ねて、新しい技術を開発した。 연구에 연구를 거듭하여 새로운 기술을 개발했다.

4. A から B にかけて　A에서 B에 걸쳐

「~から ~にかけて」는 때나 장소를 나타내는 말에 붙어 '줄곧'이라는 뜻으로 사용되며, 한자표기를 하지 않는다.

- 電車は朝7時から9時にかけて、一番混みます。 열차는 아침 7시에서 9시에 걸쳐 가장 붐빕니다.
- 韓国では秋から冬にかけて、晴れた日が多いです。
  한국에서는 가을부터 겨울에 걸쳐 맑게 갠 날이 많습니다.
- 奈良から京都へかけて、見物して歩きました。 나라에서 교토에 걸쳐 구경하고 다녔습니다.

5 名 にしても　~일지라도, 라고 해도

「~にしても」는 어떤 예를 들어서, '그것도 다른 것과 마찬가지로'라는 뜻이다.

- 今にしても、昔にしても、自然を愛する気持ちは変わっていません。
  예나 지금이나, 자연을 사랑하는 마음은 변하지 않습니다.
- 東京にしても、大阪にしても、大都会は公害になやまされていました。
  도쿄나 오사카나 대도시는 공해에 시달리고 있었습니다.

6 名 に従って　~에 따라서

「~に 従(したが)って」는 '그것과 함께'라는 뜻이며, 이 경우 현대어에서는 かな 표기를 주로 한다.

- 国際化にしたがって、外国人とつきあう機会が多くなってきます。
  국제화에 따라 외국인과 사귈 기회가 많아집니다.
- 工場の自動化にしたがって、生産性が上がりました。　공장의 자동화에 따라 생산성이 올랐습니다.

7 名 のうえで(も)　~에 있어서(도)

「~のうえで」는 「~において」(~에 있어서), 「~に関(かん)して」(~에 관하여)와 같은 뜻으로 사용된다.

- 美術のうえでも、同じことが言えます。　미술에 관해서도 같은 말을 할 수 있습니다.
- これは人間の義理のうえでも、納得のいかない話です。
  이것은 인간의 의리상에 있어서도 납득이 가지 않는 말입니다.

8 動 ~てほしい　~해 주기 바란다 / 動 ~てもらいたい　~해 주면 좋겠다
動 ~てください　~해 주세요

모두 타인이 '~해 주기 바란다'는 뜻이다.

- こういう事情にあることを理解してほしいです。　이러한 사정에 놓여 있다는 사실을 이해해 주기 바랍니다.
- 近いうちにぜひ一度わたしに会ってほしいと思います。　근간에 꼭 한번 나를 만나 주면 좋겠습니다.

  참고 今晩わたしのうちに遊びに来てほしいです。　오늘 밤에 우리 집에 놀러와 주기 바랍니다(주세요)

  　　　今晩わたしのうちに遊びに来てもらいたいです。

  　　　今晩わたしのうちに遊びに来てください。

셀프테스트

1 보기와 같이 밑줄 친 부분을 고쳐 문장을 만드시오.

> **보기**　<u>なん度も失敗して</u>、財産をなくしました。
> → <u>失敗に失敗を重ねて</u>、財産をなくしました。

① <u>なん度も相談して</u>、中国に進出しました。
② <u>なん度も出世して</u>、社長のポストにつきました。
③ <u>なん度も研究して</u>、すぐれた論文を発表しました。
④ <u>なん度も開発して</u>、新製品の生産に成功しました。

☞ 모범답안(p.220~227)

新製品(しんせいひん):
신제품

2 보기와 같이 밑줄 친 부분을 고쳐 문장을 만드시오.

> **보기**　わたしの気持ちを<u>理解してもらいたいです</u>。
> → わたしの気持ちを<u>理解してほしいです</u>。

① 今晩わたしのうちに遊びに<u>来てもらいたいです</u>。
② このことを中村課長に<u>伝えてもらいたいです</u>。
③ すみませんが、その絵を<u>見せてもらいたいです</u>。
④ あなたに<u>教えてもらいたいのは</u>、ここのところです。

3 다음 문장을 일본어로 말하시오.

① 학생은 학생대로 선생은 선생대로 할 일이 있습니다.
② 한국의 가사에는 선조들의 혼과 정신이 담겨 있습니다.
③ 보잘 것 없는 집이기는 하지만, 더위와 추위는 그런대로 견딜 수 있습니다.
④ 한반도는 호랑이 모양을 하고 있다고 일컬어집니다.

가사 : 歌詞(かし)
혼 : 魂(たましい)
정신 : 精神(せいしん)
보잘 것 없는, 좁은 :
狭苦(せまくる)しい
모양 : 形(かたち)、
格好(かっこう)

문형확인문제

1. 여름은 여름대로 더위가 지독하고, 일년을 통해 한서의 차는 아주 큽니다.
   夏　☐　夏　☐　暑さが厳しく、一年を通じて、寒暑の差は極めて大きいのです。

2. 이것은 일본 독특한 기후에 의하는 바가 크다고 할 수 있습니다.
   これは、日本独特の気候による　☐　が大きいと言えます。

3. 이것은 메이지에서 쇼와 시대에 걸쳐서 서양으로부터 받아들인 것입니다.
   これは、明治　☐　昭和の時代　☐　、西洋から採り入れたものです。

4. 그러한 변화에 따라서, 우리들의 생활을 둘러싸고 있는 산과 들의 경치가 아름답게 바뀌어 갑니다.
   その移り変わりに　☐　、わたしたちの生活をとりまく野山の景色が、美しく変わっていきます。

Unit 20

新聞の記事
しんぶん きじ

 독해를 위한 어휘체크!

記事(きじ) 기사	かかげる 게재하다, 기재하다	のせる 1他 싣다, 게재하다
朝食前(ちょうしょくまえ) 아침식사 전	経済(けいざい) 경제	さく 5他 갈라주다, 할애하다
ひととき 한때, 잠시	教養(きょうよう) 교양	活字(かつじ) 활자
朝刊(ちょうかん) 조간(신문)	読者(どくしゃ) 독자	見出(みだ)し 제목
目(め)を 通(とお)す 훑어보다	相談(そうだん) 의논, 상담	よせる 1自 맡기다, 한데 모으다
通勤(つうきん) 통근	広告(こうこく) 광고	投書(とうしょ) 투서
しきりに 副 자꾸만, 계속해서	なまなま(生々)しい い形 생생하다	世論(せろん) 여론(「よろん」으로도 읽음)
勤(つと)め 근무, 일	事件(じけん) 사건	見方(みかた) 견해
茶(ちゃ)の間(ま) 다실, 거실	報道(ほうどう) 보도	主観(しゅかん) 주관
夕刊(ゆうかん) 석간(신문)	地方版(ちほうばん) 지방판	まじ(交)える 1他 섞다
できごと(出来事) 일어난 일, 사건	時事(じじ) 시사	常識(じょうしき) 상식
公的(こうてき) 공적	論(ろん)じる 논하다	使命(しめい) 사명
映(うつ)し出(だ)す 5他 비춰주다	論説風(ろんせつふう) 논설풍	説得(せっとく) 설득
のぞく 5他 들여다 보다	宣伝(せんでん) 선전	欠(か)く 5他 빠뜨리다, 결여하다
判別(はんべつ)がつく 판별이 되다	主軸(しゅじく) 주축	おそ(恐)れ 염려, 걱정, 우려
うずめる 1他 메우다, 채우다	的(まと) 대상, 표적	めぐる 5他 둘러싸다
社説(しゃせつ) 사설	～を問(と)わず ～을 불문하고	見通(みとお)し 전망
政界(せいかい) 정계	数限(かずかぎ)りなく 수없이 많은	解明(かいめい) 해명

20 新聞の記事

　朝食前のひととき、人々は、まずその日の朝刊に目を通す。また、通勤の電車の中などでも、しきりに新聞を読んでいる。そして、一日の勤めを終えて帰ってくると、今度は夕食後の茶の間で夕刊を開くことになる。どうして、人々は、こんなに新聞を読むのであろうか。

　それは、世の中の動きや社会に起こったできごとを早く知ったり、確かめたりしたいからである。今日では、公的な生活はいうまでもなく、どんな私的な生活でも、社会を離れては成り立たない。新聞は、いわば、この社会の動きを映し出す鏡のようなものである。人々は、この鏡をのぞかないではいられないのである。

ところで、新聞は社会の鏡だからといっても、ひとつところに、なにもかも映し出したのでは、なにがなにやら判別がつきにくく、その動きをはっきりととらえることはむずかしい。そこで、鏡の面をいくつかに分けて、いろいろな世界をまとめて映し出すことになる。

　東京のある新聞の朝刊を例にとってみよう。第一面は、政治、特に重要な国際問題の記事などでうずめられている。第二面には、社説・政界の働き・政治に関する解説の記事、第三面には、国際問題やその解説などがかかげられている。その他の面には、経済の働き・教養・家庭・娯楽・スポーツなどの記事が、それぞれまとめられている。また、読者からの意見・相談・広告・小説などもある。さらには、社会に起こったなまなましい事件を報道する面があり、最後が地方版となっている。

　記事の中には、時事を論じた論説風のかたいものもあれば、人々に楽しみを与えるためのやわらかいものもある。が、大きく分けると、①ニュース、②ニュースの解説、③主張や意見、④教養と娯楽、⑤広告と宣伝、⑥その他、ということになるだろう。

これらの記事の中で、新聞の主軸となり、読者の関心の的となるものは、なんといっても、ニュースである。社会には、昼となく夜となく、国の内外を問わず、数かぎりなくいろいろな事件が起きている。それらの中から、のせる価値のあるものが記事として取りあげられる。特に社会生活に大きな影響を持つものには、解説がつけられることがある。ニュースにする価値があればあるほど、その記事のために紙面が大きくさかれ、大きな活字の見出しとともに写真などもつけられる。社会生活にとって特に重大なニュースは、解説ばかりでなく、社説に取りあげられることもある。このような事件になると、専門家から意見がよせられたり読者からの投書があったりして、人々の関心を集め、一つの世論がつくりだされることさえある。

　新聞というものは、このように大きな力を持っているから、新聞の記事は、あくまでも事実を正確に伝え、公平な見方に立って書かなければならない。そのため、ニュースの記事には、記者の主観をまじえないのが常識となっている。ニュースは、事実を報道することが使命であって、読者を説得するものではないからである。また、主観をまじえて書いたのでは、公平を欠くおそれがある。ニュースの解説も、読者の理解を助けるために、事件が起こった理由、事件をめぐるいろいろな事情、今後の見通しなどについて解明するのが主であって、解説するためのものではない。

もし、記事の内容が、事実と違っていたり、見方が公平を欠いていたりしたのでは、よい新聞にはならない。したがって、新聞の記事を正しく読むためには、その記事が正確であるか、公平を欠いてはいないかに注意して読む態度が必要である。

 본문을 읽고 다음 질문에 답해 보세요.

1　どうして人々は、こんなに新聞を読むのでしょうか。
2　本文では「新聞」のことを何のようなものだと言っていますか。
3　新聞記事は、①ニュース、②ニュースの解説、③主張や意見、④教養と娯楽、⑤広告と宣伝、⑥その他に大きく分けられますが、これらのうち、読者の関心が最も高いのはどれでしょうか。
4　社会生活にとって特に重大なニュースは、解説のみならず、どのような結果になることがありますか。
5　事実を正確に伝え、公平な新聞記事を書くために、どうすることが常識となっていますか。また、その理由は何ですか。
6　新聞の記事を正しく読むうえで、最も必要になるのは、何でしょうか。
7　最近印象に残ったニュースはどんなニュースですか。

新聞の記事　133

문형다지기

① **名1 はいうまでもなく 名2 も**　~은 말할 나위도 없고 ~도

「~(いう)必要もない」 '~(말할)필요도 없다'와 같은 뜻이다.

- 彼は日本語はいうまでもなく英語も上手です。　그는 일본어는 말할 것도 없고 영어도 잘합니다.
- 中小企業はいうまでもなく大企業でも不景気になやんでいます。
  중소기업은 말할 나위도 없고 대기업에서도 불경기로 고민하고 있습니다.

② **動 ~ないではいられない**　~하지 않고서는 견딜 수 없다

「~ないでは」는 '~하지 않고(서)는', 「いられない」는 「いる」(있다)의 가능형의 부정표현이다. 「動 ~ずにはいられない」라는 문어체 표현도 사용된다.

- 彼は1日でも酒を飲まないではいられない人です。
  그는 하루라도 술을 마시지 않고서는 견디지 못하는 사람입니다.
- 他人のうわさをしないではいられない人もいるようです。
  남의 말(소문)을 하지 않고서는 견디지 못하는 사람도 있는 것 같습니다.

  참고 悲しくて泣かずにはいられません。 슬퍼서 울지 않고는 견딜 수 없습니다.

③ **名1 もあれば 名2 もある**　~이 있는가 하면 ~도 있다

「~ば」는 보통의 경우, '~하면'에 해당하는 가정이나 조건을 나타내는 말로 쓰이는데, 여기서는 「~もあれば~もある」의 꼴로 '~이 있으면 ~도 있게 마련이다' 라는 뜻이다.

- 世の中には暑い国もあれば、寒い国もあります。
  세상에는 더운 나라가 있는가 하면, 추운 나라도 있습니다.
- 人生には悲しいこともあれば、嬉しいこともあるはずです。
  인생살이에는 슬픈 일이 있으면, 기쁜 일도 있게 마련입니다.

④ **名 の的**　~의 대상

「的」는 표적, 대상이라는 뜻으로 동작이나 행위의 목적물을 가리킨다.

- あの先生は学生の尊敬の的になっています。　저 선생님은 학생들의 존경의 대상이 되어 있습니다.
- 野球選手は子供たちのあこがれの的です。　야구선수는 아이들의 동경의 대상입니다

5. 名 を問わず ~을 불문하고

「〜を問わず」는 「〜を問わないで」 '~을 묻지 않고, 불문하고'의 문어체 표현이다.

- 国籍を問わず、希望する人は会員になれます。
  국적을 불문하고, 희망하는 사람은 회원이 될 수 있습니다.
- 洋の東西を問わず、政治的な事件には女性とお金が絡んでいました。
  동서양을 불문하고, 정치적인 사건에는 여자와 돈이 연루되어 있었습니다.

6. 語句

(新聞)に目を通す (신문)을 훑어보다

すみませんが、このレポートに目を通していただけますか。
미안하지만, 이 리포트를 한 번 봐 주시기 바랍니다.

なにもかも 모든 것

それでは、なにもかもお話しましょう。
그렇다면, 모든 것을 이야기해 드리지요.

なにがなにやら 뭐가 뭔지

こうなってくると、なにがなにやらちっともわからなくなります。
이렇게 되면, 뭐가 뭔지 전혀 모르게 됩니다.

判別がつく 판별이 되다

暗くて、その人の顔の形の判別がつかなかった。
어두워서 그 사람의 얼굴형태가 판별되지 않았다.

昼となく夜となく 밤낮없이

60年代にはみんなが昼となく夜となく働いたのです。
60년대에는 모두가 밤낮없이 일했습니다.

新聞の記事 135

셀프테스트

1 보기와 같이 밑줄 친 부분을 고쳐 문장을 만드시오.

> **보기** 彼は毎日新聞を読みます。
> → 彼は毎日新聞を読まないではいられません。

① 彼は毎日彼女に会います。
② 彼は日曜日にはいつも山に登ります。
③ 彼はよく人の悪口をいう人です。
④ 彼はお金さえあればアプリを買います。

アプリ：
스마트폰 앱, 애플리케이션

2 보기와 같이 밑줄 친 부분을 고쳐 문장을 만드시오.

> **보기** 世の中には暑い国も寒い国もあります。
> → 世の中には暑い国もあれば、寒い国もあります。

① りんごには赤いものも青いものもあります。
② このデパートには国産品も輸入品もあります。
③ みかんには皮の厚いものもうすいものもあります。
④ うちの会社には韓国人も外国人もいます。

皮(かわ) : 껍질, 가죽

3 다음 문장을 일본어로 말하시오.

① 그는 바둑을 너무 좋아해서 하루라도 두지 않고는 못 배깁니다.
② 그녀는 그 시대의 모든 젊은이들의 동경의 대상이었습니다.
③ 마음에 든다고 눈에 띄는 대로 사서는 생활이 되지 않습니다.
④ 현대인은 휴대폰과 인터넷을 떠나서는 생활할 수 없게 되었습니다.

바둑 : 碁(ご)
(～を打(う)つ 바둑을 두다)
동경 : 憧(あこが)れ

문형확인문제

1. 오늘날에는 공적인 생활은 말할 것도 없고, 어떤 사적인 생활이라도 사회를 떠나서는 이루어지지 않는다.
今日では、公的な生活は ☐☐☐☐☐☐、どんな私的な生活でも、社会を離れては成り立たない。

2. 사람들은 이러한 거울을 들여다 보지 않고서는 견딜 수 없는 것이다.
人々はこの鏡をのぞか ☐☐☐☐☐☐ のである。

3. 기사 가운데는, 논설풍의 딱딱한 것이 있는가 하면, 부드러운 것도 있다.
記事の中には、論説ふうのかたいもの ☐☐☐☐、やわらかいもの ☐☐☐☐。

4. 사회에는, 밤낮없이 국내외를 불문하고, 수없이 많은 여러가지 사건이 일어나고 있다.
社会には、昼となく夜となく、国の内外を ☐☐☐☐☐、数かぎりなくいろいろな事件が起きている。

부록

일본어 능력 TEST
❶ ❷ ❸

일본어 능력 TEST ❶

一 例のように、☐の中に適当なことばを「ひらがな」で書きなさい。

例 （紙）いちまい ― にまい ― さんまい ― よんまい

1. （日）なのか ― ❶☐ ― ここのか ― ❷☐
2. （週）❸☐ ― こんしゅう ― らいしゅう ― ❹☐
3. （曜日）げつようび ― ❺☐ ― すいようび ― ❻☐
4. （水）❼☐ ― にはい ― ❽☐ ― よんはい
5. （人）❾☐ ― ❿☐ ― さんにち ― よにん

二 次の名詞に続くものとして、最も適当なものを下の 例 から選んで、その番号を（ ）の中に書きなさい。（ただし、同じ番号を二度使ってはいけない）

1. たばこを　　（ ）　　6. 時計を　　（ ）
2. ひげを　　　（ ）　　7. ボタンを　（ ）
3. ふとんを　　（ ）　　8. 傘を　　　（ ）
4. 歯を　　　　（ ）　　9. サイダーを（ ）
5. めがねを　　（ ）　　10. シャワーを（ ）

例		
❶ のむ	❷ かぶる	❸ みがく
❹ たたむ	❺ すう	❻ はめる
❼ そる	❽ かける	❾ あびる
❿ あらう	⓫ さす	⓬ とめる

三 次の文の☐の中に適当な「ひらがな」を一字入れなさい。（ただし、「は」を入れてはいけない）

1. 兄は会社 ❶☐ 勤めており、父は中学校の校長 ❷☐ 務めています。
2. 父はプロ野球 ❸☐ 大好きで、暇なときよく見 ❹☐ 行きます。
3. 山の中で道 ❺☐ 迷ったとき、パトロールの人 ❻☐ 助けてもらったんです。
4. タクシー ❼☐ 行ったので、なんとか会議 ❽☐ 間に合うことができたんです。
5. わたしはパソコン ❾☐ 欲しいですが、弟はゲーム ❿☐ 欲しがっています。

四 次の文の（　）の中に❶と❷の二つのことばがあります。より正しいほうの番号を「○」で囲みなさい。

1. ゆうべは友だち　❶が来させて　❷に来られて　仕事ができなかったのです。
2. わたしの時計は故障していて、一分　❶早い　❷ちょうどいい　。
3. とんでもないことを言われて　❶気持ち　❷気分　が悪いです。
4. ❶会社　❷家　の帰りにキムさんに会いたいと思っています。
5. 部長、先週お借りした本です。　❶よく読みました　❷ありがとうございました　。
6. たばこは体に良くないから、　❶やめた　❷きった　ほうがいいですよ。
7. すぐ帰ってきますから、わたしが来る　❶まで　❷までに　待っていてください。
8. 希望者は土曜日　❶まで　❷までに　申し込んでください。
9. この辺が間違っているから、　❶なおして　❷なおって　ください。
10. くもっているから、雨でも　❶降る　❷降り　そうです。

五 例のように、（　）の中のことばを適当な形に変えて＿＿＿＿の上に「ひらがな」で書きなさい。

> 例　（言う）頭にきてつい本当のことをいってしまったんです。

1. （帰る）後でお客さんが来るから、＿＿＿＿ないで待っていてください。
2. （聞く）そのことはさっき課長から＿＿＿＿ばかりです。
3. （読む）父は書斎で新聞を＿＿＿＿ながら、テレビを見ています。
4. （歩く）わたしの家はここから＿＿＿＿20分ぐらいの所です。
5. （行く）わたしはまだ済州島へ＿＿＿＿ことがありません。
6. （着る）式場へコートを＿＿＿＿まま入ってはいけません。
7. （食べる）いっぺんに＿＿＿＿すぎると、おなかをこわします。
8. （する）あまりも忙しかったので、勉強を＿＿＿＿ずに学校へ行った。
9. （入る）毎晩おふろに＿＿＿＿からビールをいっぱい飲みます。
10. （泣く）彼女は今にも＿＿＿＿だしそうな顔をしています。

六 例のように、下の漢字の中から適当なものを選んで、□□の中に熟語を書き、（　）の中にはその「よみがな」を書きなさい。

| 例 | しなくてはならない事柄 | 用事 （ようじ） |

1. 収入が支出より多いこと。　□□（　　）
2. 売買の受け渡しをすること。　□□（　　）
3. 役人が勤務して公務を取り扱うところ。　□□（　　）
4. いっしょに物事をする人。　□□（　　）
5. 都会から離れた所。地方。　□□（　　）

田	所	間
事	引	黒
用	字	取
舎	仲	役

七 例のように、次のことばを日本語の発音になおし、「カタカナ」で書きなさい。

例　Group　（グループ）

1. Sports　（　　　）
2. Olympic　（　　　）
3. Service　（　　　）
4. Schedule　（　　　）
5. Super market　（　　　）
6. Needs　（　　　）
7. Software　（　　　）
8. Maker　（　　　）
9. Know-how　（　　　）
10. Oil shock　（　　　）

八 次の文の（　）の中に、下の例から適当なことばを一つ選んで、その番号を書きなさい。

例　❶ それにしても　❷ それに　❸ ところで　❹ それから
　　❺ しかし　　　❻ それで　　❼ それとも　❽ そういえば

1. この製品は品質がいいです。（　）、消費者の人気は一番です。
2. 毎朝、起きるとすぐ顔を洗います。（　）、新聞を読みます。
3. バスは安いです。（　）、便利ではありません。
4. 中山さんは頭がいいです。（　）、体も丈夫です。
5. ウィスキーにしましょうか。（　）、ビールにしましょうか。

九 次の文の後に続くのにいちばん適当なものを、下の（ア）〜（エ）の中から一つだけ選んでその記号を ○ の中に書きなさい。

1. そんなところで騒いでは ……………………………………………………………………… ○
   - （ア）かまいません
   - （イ）よろしいです
   - （ウ）こまります
   - （エ）けっこうです

2. 金課長がわたしにそのカメラを ……………………………………………………………… ○
   - （ア）かしていただいた
   - （イ）かしてもらった
   - （ウ）かしてあげた
   - （エ）かしてくれた

3. ゆうべは外出したかったんですが、友だちにこられて ………………………………… ○
   - （ア）どこかへ行きました
   - （イ）どこへも行きませんでした
   - （ウ）どこへ行きました
   - （エ）どこでも行きませんでした

4. わたくしはプロ野球が大好きですが ……………………………………………………… ○
   - （ア）自分でやることはできません
   - （イ）自分でやることができます
   - （ウ）自分でやることもできません
   - （エ）自分でやることはできます

5. きのうあの映画を見ましたが、新聞に書いてあったほどは ……………………………… ○
   - （ア）おもしろいと思いました
   - （イ）つまらなかったです
   - （ウ）つまらないと思いました
   - （エ）おもしろくなかったです

十 例 のように、上の文と同じ意味になるような言いかたを＿＿＿の上に書きなさい。

　例　わたしはひとりで電車に乗ることができます。→ わたしはひとりで電車に乗れます。

1. わたしは日本語で電話をかけることができます。
   → わたしは日本語で電話が＿＿＿＿ます。

2. わたしは将来エンジニアになりたいと思っています。
   → わたしは将来エンジニアに＿＿＿＿つもりです。

3. わたしは山口さんにカメラを買ってもらいました。
   → 山口さんはわたしにカメラを＿＿＿＿ました。

4. 祖母は母にかばんを買わせました。
   → 祖母は子供にかばんを＿＿＿＿ました。

5. お陰さまで楽しく働きました。
   → お陰さまで楽しく＿＿＿＿もらいました。

十一　例のように、質問に答え、＿＿＿の上に適当なことばを書きなさい。

> 例　これは本ですか。→ いいえ、それは<u>本ではありません</u>。

1. ここに車を止めてもいいですか。
   → いいえ、そこには車を＿＿＿＿＿ください。

2. レポートは日本語で書かなければなりませんか。
   → いいえ、日本語＿＿＿＿＿いいです。

3. 服装はスーツでなければなりませんでしょうか。
   → いいえ、スーツ＿＿＿＿＿かまいません。

4. チェックインは遅くてもいいですか。
   → いいえ、＿＿＿＿＿少し困りますが。

5. あなたは金さんの家を知っていますか。
   → いいえ、＿＿＿＿＿。

十二　次のことばを正しく説明しているものを下の①～③の中から一つ選んで、その番号を〇の中に書き入れなさい。

1. 中村さんは一日おきにうちの事務所に寄ります。 ……………………〇
   ❶ 中村さんは毎日うちの事務所に寄ります。
   ❷ 中村さんは二日に一度うちの事務所に寄ります。
   ❸ 中村さんは一日も欠かさずにうちの事務所に寄ります。

2. 雨が降らないうちにグラウンドを掃除しておこう。 ………………〇
   ❶ 雨が降らないときはグラウンドを掃除しておこう。
   ❷ 雨の降るときも、降らないときもグラウンドを掃除しておこう。
   ❸ 雨が降る前にグラウンドを掃除しておこう。

3. 金部長は頭の切れる人です。 ……………………………………〇
   ❶ 金部長はセンスがよく、賢い人です。
   ❷ 金部長は近いうちに首になる人です。
   ❸ 金部長は頭がよくない人です。

十三　次のa,b,c,dの中から、誤った表現を一つ選んで、その記号に「○」をつけなさい。

1. ⓐ 今年は多くの問題が起きた。
   ⓑ 今年は多い問題が起きた。
   ⓒ 今年は問題が多く起きた。
   ⓓ 今年は問題がたくさん起きた。

2. ⓐ この人はアメリカ人ではありません。イギリス人です。
   ⓑ この人はアメリカ人がなくて、イギリス人です。
   ⓒ ここにはアメリカ人はいなくて、イギリス人はいます。
   ⓓ ここにはアメリカ人はいません。イギリス人はいます。

3. ⓐ 彼女はたいへん歌がうまい。
   ⓑ 彼女はたいへん歌がじょうずだ。
   ⓒ 彼女はたいへんじょうずに歌をする。
   ⓓ 彼女はたいへんうまく歌を歌う。

일본어 능력 TEST ❷

一 例のように、□の中に適当なことばを「ひらがな」で書きなさい。

例 （紙） いちまい ─ にまい ─ さんまい ─ よんまい

1. （数） ❶_____ ─ よんひゃく ─ ごひゃく ─ ❷_____
2. （家） ❸_____ ─ にけん ─ ❹_____ ─ よんけん
3. （水） ごはい ─ ❺_____ ─ ななはい ─ ❻_____
4. （回） ❼_____ ─ にかい ─ ❽_____ ─ よんかい
5. （日） ❾_____ ─ きょう ─ あした ─ ❿_____

二 次の名詞に続くものとして、最も適当なものを下の 例 から選んで、その番号を（　）の中に書きなさい。（ただし、同じ番号を二度使ってはいけない）

1. ぼうしを　（　）　6. ピアノを　（　）
2. 教育を　　（　）　7. ズボンを　（　）
3. うわぎを　（　）　8. ネクタイを（　）
4. 電話を　　（　）　9. 薬を　　　（　）
5. 口を　　　（　）　10. 髪を　　　（　）

例
❶ たべる　❷ しめる　❸ うける
❹ とかす　❺ のむ　　❻ はく
❼ かぶる　❽ きる　　❾ みがく
❿ さす　　⓫ うつ　　⓬ かける
⓭ ゆすぐ　⓮ ひく

三 次の文の□の中に適当な「ひらがな」を一字入れなさい。（ただし、「は」を入れてはいけない）

1. 天気の悪い日に、山 ❶____ のぼって、けが ❷____ したことがあります。
2. 大勢の人がソウル行き ❸____ バス ❹____ 乗るため集まっています。
3. 中村さんは七時ごろ家族 ❺____ 見送られて家 ❻____ 出ました。
4. わたしはビール ❼____ 飲みたいですが、友達は日本酒 ❽____ 飲みたがっています。
5. あの方は日本語 ❾____ 上手で、よく日本へ出張 ❿____ 行きます。

四 次の文の（　）の中に❶と❷と❸の三つのことばがあります。より正しいものを一つだけ選んでその番号を「〇」で囲みなさい。

1. ❶多い ❷多くの ❸みんな 　人がそのことを知っていました。
2. 天気予報に　❶よって ❷つくと ❸よると　あしたは雨だそうです。
3. 東京　❶から ❷に ❸で　大阪まで新幹線で三時間かかります。
4. 過ぎたことよりも　❶向後 ❷前後 ❸今後　どうするかが問題です。
5. テストの結果が気　❶にかけます ❷になります ❸をつけます　。
6. 1988年にソウルでオリンピックが開催　❶になりました ❷されました ❸がなりました　。
7. わたしが聞いた　❶ところ ❷もの ❸より　では、彼は部長になったそうです。
8. 学校を休んで一日寝ていたので、　❶全部 ❷みんな ❸すっかり　治りました。
9. このごろは　❶昼 ❷夜 ❸朝　が明けるのがずいぶん遅いですね。
10. 希望者は来週の土曜日　❶まで ❷までは ❸までに　申し込んでください。

五 例のように、（　）の中のことばを適当な形に変えて＿＿＿の中に「ひらがな」で書きなさい。

例　（行く）毎朝早く会社へいきます。

1. （寒い）去年の冬はほんとうに＿＿＿＿です。
2. （良い）中村さんは頭がなかなか＿＿＿＿そうに見えます。
3. （親切だ）デパートはお客さんに＿＿＿＿ほうがいいです。
4. （上手だ）早く日本語が＿＿＿＿話せるようになりたいです。
5. （好きだ）あなたの＿＿＿＿スポーツはなんですか。
6. （らしい）彼はエリート＿＿＿＿ものごとの考え方がすばらしい。
7. （ようだ）建物がマッチ箱の＿＿＿＿小さく見えます。
8. （ようだ）あそこのテントの＿＿＿＿形をした建物はなんですか。
9. （そうだ）天気の悪くなり＿＿＿＿ときには外出しません。
10. （そうだ）山で遭難して死に＿＿＿＿なった人がいます。

六 次の ☐ の中に「つもり」か「はず」を入れなさい。

1. わたしがあなただったら、そんな失敗はしなかった ☐ です。
2. あなたが先生になった ☐ で説明してみてください。
3. わたしは切手をはった ☐ ですが、手紙がもどってきました。
4. 子供がこんなことばを知っている ☐ がありません。
5. 早く帰ってくる ☐ で出かけたが、つい遅くなってしまった。
6. 二時発の飛行機だったから、もう着いた ☐ なのに……。

七 例のように、下の漢字の中から適当なものを選んで、□□の中に熟語を書き、（　）の中にはその「よみがな」を書きなさい。

| 例 しなくてはならない事柄 | 用 事 （ようじ） |

1. 用事などを書いて他人に送る文書。　☐☐（　　）
2. 近い所。近くの場所。　☐☐（　　）
3. その国の国籍がない人。　☐☐☐（　　）
4. 山、川、海などのながめ。　☐☐（　　）
5. 商品が取引されるその時の値段。　☐☐（　　）

所　人　事
近　紙　色
用　外　手
相　景　場　国

八 次のことばの「よみがな」を＿＿＿の中に書きなさい。

1. 0.376　＿＿＿＿＿＿＿＿＿＿
2. 45%　＿＿＿＿＿＿＿＿＿＿
3. 1割5分　＿＿＿＿＿＿＿＿＿＿
4. 3/4　＿＿＿＿＿＿＿＿＿＿

九　次の各文には一カ所ずつ間違った表現があります。例のように、＿＿＿の中には間違った表現を書き、（　）の中にはその正しい表現を書きなさい。

> 例　今日は久しぶりに友達を会います。　　　友達を —（友達に）

1. 待ちに待った日がついにやっていく。　　　＿＿＿＿（　　　　）
2. わたしは父より母を似ています。　　　　　＿＿＿＿（　　　　）
3. 彼とわたしとは考え方がまちがいます。　　＿＿＿＿（　　　　）
4. 鉛筆たちが机の上に置かれている。　　　　＿＿＿＿（　　　　）
5. 彼はわたしに助けてほしいとしました。　　＿＿＿＿（　　　　）
6. たばこは体に悪いから、きったほうがいい。＿＿＿＿（　　　　）
7. 来年、日本語能力試験をみる予定だ。　　　＿＿＿＿（　　　　）
8. 文法をどの程度勉強したら、あとは応用だ。＿＿＿＿（　　　　）
9. 実力は短いですが、やる気は十分です。　　＿＿＿＿（　　　　）
10. 明日、生まれてはじめ日本へ行きます。　 ＿＿＿＿（　　　　）

十　例のように、質問に答え、＿＿＿の上に適当なことばを書きなさい。

> 例　これは本ですか。→ いいえ、それは本ではありません。

1. その料理はおいしかったですか。
　→ いいえ、あまり＿＿＿＿＿＿＿です。
2. 事務所の中でたばこをすってもいいですか。
　→ いいえ、たばこを＿＿＿＿＿＿＿ません。
3. たとえ、雨がふっても行きますか。
　→ いいえ、雨が＿＿＿＿＿＿＿行きません。
4. どうですか。十万円ぐらいはありそうですか。
　→ いいえ、そんなには＿＿＿＿＿＿＿です。
5. 子供も入場料をはらわなければなりませんか。
　→ いいえ、子供は入場料を＿＿＿＿＿＿＿です。

十一 例のように、上の文と同じ意味になる言いかたを ☐ の中に書きなさい。

> 例　わたしは日本語で電話をかけることができます。→ わたしは日本語で電話が かけられ ます。

1. わたしは造船工学を勉強するつもりです。
   → わたしは造船工学を勉強 ☐ と思っています。

2. わたしは日本語でレポートを書くことができます。
   → わたしは日本語でレポートが ☐ ます。

3. 中村さんは山本さんを一時間も待たせました。
   → 山本さんは中村さんに一時間も ☐ ました。

4. お陰さまで楽しく生活しました。
   → お陰さまで楽しく ☐ もらいました。

十二 次の名文を読んで、下の説明が本文の内容と一致するものには「〇」を、そうでないものには「×」を（　）の中に書きなさい。

1. 子供は母に食べ物を食べさせられて泣いている。
   （　）子供は自分が食べたいものを母に食べられて泣いている。
   （　）子供は母がおいしい食べ物をくれないので、泣いている。
   （　）母が子供に無理に食べ物を食べさせたので、子供が泣いている。

2. 今日、兄に貸してあげたお金は先日父がくれたのです。
   （　）父が兄にお金を貸してくれました。
   （　）兄はわたしにお金を借りています。
   （　）わたしは父にお金をもらったことがあります。

3. 中村さんは山本さんにひどい目にあったことがあります。
   （　）中村さんは山本さんにほめられたことがある。
   （　）山本さんは中村さんをひどい目にあわせたことがある。
   （　）中村さんは山本さんにおこったことがある。

十三　次のa,b,c,dの中で一つだけ他と意味が異なるものがあります。その番号に「○」をつけなさい。

1. ⓐ 彼は日本人のように日本式におじぎをします。
   ⓑ 彼は日本人らしく日本式におじぎをします。
   ⓒ 彼は日本人みたいに日本式におじぎをします。
   ⓓ 彼は日本人ではないのに日本式におじぎをします。

2. ⓐ 来週の金曜日までには退院できそうです。
   ⓑ おそくとも来週の金曜日には退院できそうです。
   ⓒ はやければ来週の金曜日に退院できそうです
   ⓓ 退院はおそくなれば来週の金曜日ですが、もっとはやくなるかもしれません。

3. ⓐ 今日の試合はジャイアンツが勝ちそうだ。
   ⓑ 今日の試合はジャイアンツが勝つのではないかと思う。
   ⓒ 今日の試合はジャイアンツが勝つまい。
   ⓓ 今日の試合はジャイアンツが勝つだろうと思う。

十四　次の_____の部分の意味と同じものを一つ選んで、その番号に「○」をつけなさい。

1. 雨なので、きょうの映画は気がすすまない。
   ❶ しずかだ　　❷ つまらない　　❸ 行きたくない　　❹ さびしい気がする

2. かれは気にさわることをよくいう人だ。
   ❶ おもしろい　　❷ はらがたつ　　❸ たいくつな　　❹ さびしい

일본어 능력 TEST ❸

一 次の文の □ の中に適当な「ひらがな」を一字入れなさい。

> 僕 ❶ たびたび経験することです ❷ 、田舎 ❸ 行って、たとえば、学問などまったくなさそう ❹ 老人のきこりなど ❺ 話をする場合、本などほとんど読ま ❻ のにもかかわら ❼ 、しっかりした人間 ❽ 心がけを持ち、しかも謙虚 ❾ 心を持っているの ❿ 打たれることがあります。

❶	❷	❸	❹	❺
❻	❼	❽	❾	❿

二 次の名詞に続くものとして、最も適当なものを下の 例 から選んで、その記号を書きなさい。

1. とけいを　　（　　）
2. くつを　　　（　　）
3. ネクタイを　（　　）
4. うわぎを　　（　　）
5. かさを　　　（　　）
6. ネックレスを（　　）
7. ぼうしを　　（　　）
8. せきを　　　（　　）
9. めがねを　　（　　）
10. ボタンを　　（　　）

> 例
> Ⓐ ぬぐ
> Ⓑ さす
> Ⓒ はずす

三 次の名詞には「もらう」か「うける」かのどちらかが付きます。「もらう」の場合は「A」、「うける」の場合は「B」を（　）の中に入れなさい。

1. 土産を　　（　　）
2. 時計を　　（　　）
3. 教育を　　（　　）
4. お金を　　（　　）
5. 被害を　　（　　）
6. 研修を　　（　　）
7. 鉛筆を　　（　　）
8. 訪問を　　（　　）
9. 影響を　　（　　）
10. 指導を　　（　　）

四 次の□の中に入ることばを下の例から選んで、その記号を書きなさい。

例 Ⓐ すっかり　Ⓑ いざ　Ⓒ あいにく　Ⓓ さっき　Ⓔ いくら
　　Ⓕ つい　Ⓖ もっと　Ⓗ ずいぶん　Ⓘ やはり　Ⓙ わりに

1. 会議は□終ったはずです。
2. この辞書は□便利だと思いませんか。
3. あの店の方が□安いかもしれません。
4. □スマートフォンはいいですね。
5. このあたりも今では□にぎやかになりました。
6. □主人はいま出かけています。
7. □さがしても見つかりません。
8. 雨が降ったものですから、□遅れてしまいました。
9. □始めてみたら、思いどおりにいきませんでした。
10. 料理が□冷めて、おいしくありませんでした。

五 例のように、下の漢字の中から適当なものを選んで、□□□の中には三字からなる熟語を書き、(　)の中にはその「ふりがな」を書きなさい。

例　出たり入ったりするところ。　　出 入 口　(でいりぐち)

1. 線路、道路などがまじわっているところ。　□□□(　　)
2. 人が歩く道だが、橋の形になっているもの。　□□□(　　)
3. 一定期間、一定区間を何回でも乗車できる電車・バスなどの割引乗車券。　□□□(　　)
4. 車やバスなどを急いでとめること。　□□□(　　)
5. バスなどに乗るときにお金を入れるところ。　□□□(　　)

| 交 | 道 | 期 | 停 | 定 | 入 | 金 | 差 | 出 | 箱 | 点 | 口 | 歩 | 橋 | 急 | 券 | 車 | 料 |

六 次の □ の中に入ることばを下の 例 から選んで、その記号を書きなさい。

1. 準備がすっかり終って、あとは決戦の日を待つ □ です。
2. いろいろ考えた □ 学校をやめることにしました。
3. うれしさの □ 彼は泣いてしまいました。
4. 彼に頼んでみた □ 聞いてくれやしないだろう。
5. 彼はスポーツ選手 □ あって体格がいいです。
6. 彼にも彼 □ 考えがあるはずです。
7. すぐ帰ってくる □ 出かけましたが、つい遅くなってしまいました。
8. 彼女は昨年日本へ行った □ 便りもありません。
9. 超高層ビルに □ 火事ほどおそろしいものはありません。
10. 大事な事柄は忘れない □ メモをとっておきます。

例
Ⓐ なりに
Ⓑ うちに
Ⓒ あまり
Ⓓ ばかり
Ⓔ きり
Ⓕ あげく
Ⓖ だけ
Ⓗ つもりで
Ⓘ ところで
Ⓙ とって

七 「よい」ということばを適当な形に変えて、□ の中に書きなさい。また、○ の中には「ひらがな」を一字入れなさい。

1. 韓国の秋は天気が □ 、ハイキング ○ 行く人が多いんです。
2. あしたは天気が □ ば、山 ○ のぼるつもりです。
3. 輸出するため ○ は品質が □ ばなりません。
4. 高いから ○ いって、必ずしも品質が □ わけではありません。
5. あの子はなかなか頭が □ そう ○ 見えます。
6. 昨年は円高など ○ 、景気があまり □ のです。
7. タバコの吸いすぎや酒の飲みすぎは体 ○ □ から、やめてほしいです。
8. □ たら、わたし ○ ところへ遊びに来てください。
9. これで □ かどうか先生 ○ 聞いてみましょう。
10. きのうは一日中雨 ○ 降っていて天気が □ のです。
11. あなた ○ お会いできてほんとうに □ と思っております。

八 次の各文には一ヵ所ずつまちがったところがあります。例のように＿＿＿の中にはまちがった表現を書き、（　）の中にはその正しい表現を書きなさい。

> 例　（写真を見ながら）この<u>かた</u>が私の姉です。　　<u>このかた</u> → （これ）

1. 先生の<u>おかげさまで</u>卒業できました。　　＿＿＿＿＿（　　　）
2. <u>わざと</u>いらっしゃっていただきまして、申し訳ありません。　　＿＿＿＿＿（　　　）
3. 一年<u>ぶり</u>退院した。　　＿＿＿＿＿（　　　）
4. 中学時代のことが思い出<u>します</u>。　　＿＿＿＿＿（　　　）
5. 彼の話をきいて、みんなおもしろ<u>く</u>笑いました。　　＿＿＿＿＿（　　　）
6. そんなに<u>お心配</u>なさらないでください。　　＿＿＿＿＿（　　　）
7. ご見舞い<u>が</u>おくれましてすみません。　　＿＿＿＿＿（　　　）
8. 東京に<u>着くなら</u>、すぐ電話するつもりです。　　＿＿＿＿＿（　　　）
9. きょうは1000円<u>だけ</u>ないので、映画もみられません。　　＿＿＿＿＿（　　　）
10. きのう、あなたを<u>知る</u>という人に会いました。　　＿＿＿＿＿（　　　）

九 次の①～③の中で、＿＿＿の引いてある部分の意味に近いものを一つ選んで、その番号を「○」でかこみなさい。

1. 学生の身だから、<u>いやでも勉強せざるを得ません</u>。
   ❶ いやなら、勉強しなくてもいいです。
   ❷ いやでも、勉強しないわけにはいきません。
   ❸ 勉強しなければ周りからしかられます。

2. ゆうべは<u>雑誌を買いに行かせられて</u>雨にぬれてしまった。
   ❶ 自分で読みたくて雑誌を買いに行って
   ❷ それほど読みたくはなかったが、雑誌を買いに行って
   ❸ 人に言われてやむをえず雑誌を買いに行って

次の文を読んで、後の問いに答えなさい。

アジアの@中進国は、昭和三十年代の後半から最近（❶）かけて、見事な工業化（❷）成功し、⑥高度成長（❸）続けてきた。東アジアで⑥発展途上国が、 (A) 工業国になった最大の理由は、なんといってもA ⑥労働力の質が良いことだ。不思議なことにB 、東アジアには教育（❹）熱心な国が多い。それは、高い教育を受けた人が高いポストにつきC 、また多く（❺）所得が得られるということが国民に広く知れわたっているからだろう。

韓国でも、台湾でも、受験地獄ぶりは日本と変わらない。韓国では、一流大学をめざして高校生は、⑥真夜中まで勉強する。四時間以上の⑥睡眠（❻）とると、入試に失敗するという話も広がっている。

ヨーロッパでも⑧一流大学（❼）ついては激しい⑥受験競争がある。しかし、それは、ごく一部の人々D が参加するだけ（❽）ようだ。ほとんど（❾）人は、はじめから大学への進学をあきらめるか 1 関心がないらしい。ところが、東アジアの黄色人種の国々では、大部分の人が一流大学をめざして努力している。

受験勉強の中で、①若者達は実際の社会活動（❿）役立つような内容を学んでいるかどうかは疑問である。 2 苦しい受験勉強を経てきた人は、少なくともE 新しい技術情報を理解する学力を身につけているだろうし、それを理解しようと努力する①忍耐心を身につけている (B) 。

1. ❶〜❿の（ ）の中に「ひらがな」を一字入れなさい。（ただし、「は」と「も」は不可）

❶	❷	❸	❹	❺
❻	❼	❽	❾	❿

2. @〜①のことばの「よみがな」を書きなさい。

@ 中進国　（　　　）　⑥ 高度成長（　　　）　⑥ 発展途上国（　　　）
⑥ 労働力　（　　　）　⑥ 真夜中　（　　　）　⑥ 睡眠　　　（　　　）
⑧ 一流大学（　　　）　⑥ 受験競争（　　　）　① 若者達　　（　　　）
① 忍耐心　（　　　）

3. A~Eのことばの意味を韓国語で書きなさい。

A なんといっても　（　　　　　　　）　B 不思議なことに　（　　　　　　　　）
C ポストにつく　　（　　　　　　　）　D ごく一部の人々　（　　　　　　　　）
E 少なくとも　　　（　　　　　　　）

4. ☐ の中にあてはまることばとして、最も適当なものを下の 例 から選んでその記号を書きなさい。

   ① _____　　② _____

   例
   しかし　さらに　そもそも

5. （　）の中にあてはまることばとして、最も適当なものを下のa~cの中から一つずつ選んでその記号に「〇」をつけなさい。

   (A) ① けいぞくして　　② ずっと　　③ つぎつぎに
   (B) ① つもりだ　　　　② はずだ　　③ べきだ

6. 受験地獄ぶりの「ぶり」の用法と同じものを次のa~cの中から一つ選んでその記号に「〇」をつけなさい。

   ① 彼は一生懸命勉強しているふりをしている。
   ② 彼の酒の飲みっぷりはたいしたものである。
   ③ 彼とは実に十年ぶりの再会になるわけです。

7. 次の①~④の文の中から本文の内容と一致しているものを二つ選んで、その番号を下の（　）の中に書き入れなさい。

   ① 東アジアの中進国は工業化に成功したわけではない。
   ② 東アジアの中進国は労働力の質に強みがある。
   ③ 韓国では一日四時間以上寝ても、大学入試に受かるという話がある。
   ④ 欧州でも激しい受験競争はあるが、大部分の人がそれに参加するわけではない。
   　（　　　）と（　　　）

부록

모범답안 및 해설

묻고 답하기 모범답안
셀프테스트 정답확인

❖ 본문 번역은 홈페이지 자료실에 있습니다.
www.jplus114.com

정답 및 해설

01 木で造った家

 **묻고 답하기** p.9

1 日本には、家を造るのによい木がたくさんあるからです。

2 石やれんがの家より風がよく通るからです。

3 石やれんがの家は、地震のときに崩れる心配があるからです。

4 台風：風が強く吹いて、電気が止まったり、ガラスが割れたりして危険だから、怖いです。

참고단어
風(かぜ)が吹(ふ)く 바람이 불다
台風(たいふう) 태풍
揺(ゆ)れる 흔들리다
物(もの) 물건
落(お)ちる 떨어지다
逃(に)げる 도망치다
地面(じめん) 지면
電気(でんき)が止(と)まる 전기가 끊기다
ガラスが割(わ)れる 유리가 깨지다
津波(つなみ) 해일
濡(ぬ)れる 젖다
危険(きけん) 위험
危(あぶ)ない 위험하다

5 最近はアパートやマンション、一軒家などいろいろな種類の家があります。マンションやアパートは管理がしやすくて便利です。でも、人が多くてうるさいこともあります。そして、一軒家は自分たちしか住まないので、比較的静かです。でも、マンションに比べて泥棒などが心配です。

참고단어
長所(ちょうしょ) 장점
短所(たんしょ) 단점
一軒家(いっけんや) 단독주택
アパート 맨션
マンション 아파트
暮(く)らす 살다, 생활하다
(장소)+に住(す)む ~에 살다, 거주하다
静(しず)かだ 조용하다
うるさい 시끄럽다

プライバシー 프라이버시
庭(にわ) 마당
隣(となり) 이웃, 옆
音(おと) 소리
気(き)になる 궁금하다
泥棒(どろぼう) 도둑
心配(しんぱい)だ 걱정이다
管理人(かんりにん) 관리인

해설 일본의 '**アパート**'는 2층 정도로, **マンション**보다 임대료도 비교적 싼 공동 주택을 말한다.

6 わたしは、一軒家に住みたいです。そして、自然がたくさんあるところに住みたいです。野菜や果物を作りながら、家族やペットと一緒に楽しく暮らしたいです。

참고단어
将来(しょうらい) 장래
暮(く)らし 생활
参考(さんこう) 참고
自然(しぜん) 자연
スーパー 마트
商店(しょうてん) 슈퍼
公園(こうえん) 공원
施設(せつ) 시설
交通(こうつう)の便(べん)がいい 교통편이 좋다
交通(こうつう)が不便(ふべん)だ 교통이 불편하다
町(まち) 시내
郊外(こうがい) 교외
ペット 애완동물
景色(けしき)がいい 경치가 좋다
見(み)える 보이다

해설 ❶ 일본에서는 '文化生活(ぶんかせいかつ)をする'(문화생활을 한다)라는 말은 없고 구체적으로 '映画(えいが)/コンサートに行く'와 같이 표현한다.

해설 ❷ 일본에서 '**スーパー**'라고 하면 대규모 점포인 '**スーパーマーケット【supermarket】**'을 말한다. '**マート**'라는 말은 사용하지 않는다.

 **셀프테스트** p.12

1 ❶ 行くのでしょうか。
  ❷ 働かないのでしょうか。
  ❸ 飲むのでしょうか。
  ❹ 豊かでないのでしょうか。

정답 및 해설

2 ① 読みかた
   ② 食べかた
   ③ お茶のいれかた
   ④ 日本語の教えかた

3 ① 鉄で作った机より木で作った机(のほう)が手ざわりがいいです。
   ② 韓国人の考えかたはより合理的に変わらなければなりません。
   ③ なぜ、われわれはこれほど無秩序の中でさまよわなければならないのでしょうか。
   ④ オンドル部屋は床が暖かくて、冬を過ごすのにいいです。

문형확인문제

1 で
2 なぜ・のでしょうか
3 かた
4 に強い
5 手に入れ

---

02 公園

묻고 답하기 p.15

1 田舎に住んでいる人たちのほうが、都会に住んでいる人たちに比べて、森や林に恵まれています。

2 散歩したり、きれいな草花や木の緑で心を慰めたりする場所と、子供たちの広い遊び場です。

3 五十ぐらいあります。

4 ④

5 長所：都会は交通や買い物に便利で、いろいろな娯楽施設があります。田舎は自然が多くて、空気がきれいで、野菜や果物がおいしいです。
   短所：都会は人が多くて、混雑していて、空気もよくないです。田舎は交通の便が悪くて、都会に比べていろいろな施設が少ないです。

참고단어
長所(ちょうしょ) 장점

短所(たんしょ) 단점
交通(こうつう) 교통
便利(べんり)だ 편리하다
娯楽施設(ごらくしせつ) 오락시설
自然(しぜん) 자연
空気(くうき) 공기
野菜(やさい) 야채
果物(くだもの) 과일
混雑(こんざつ) 혼잡
交通の便(べん)が悪(わる)い 교통편이 나쁘다
比(くら)べる 비교하다
施設(しせつ) 시설

셀프테스트 p.18

1 ① 飲めば飲むほど
   ② とればとるほど
   ③ きれいであれば(きれいで)あるほど
   ④ 高ければ高いほど

2 ① さわがないようにしましょう。
   ② 歩き回らないようにしましょう。
   ③ 使わないようにしましょう。
   ④ しないようにしましょう。

3 ① 高くてぜいたくな外国製品はなるべく買わないようにしましょう。
   ② 生活が便利に(なれば)なるほど怠けがちになるようです。
   ③ 平和的な南北統一はわれわれにとって決して夢ではありません。
   ④ 都心の(中の)小さな公園は仕事に疲れたサラリーマンの心を慰めてくれる所です。

문형확인문제

1 ば / るほど
2 決して / なくありません
3 であり / であります
4 さないようにしましょう
5 恵まれた

정답 및 해설

03 大きな駅

묻고 답하기 p.21

1 洋服を着た人や、和服を着た人がいます。また、大きな荷物を持った人もいます。

2 出入口を広く開けて、降りるかたが済んでから乗ります。

3 赤帽というのは、赤い帽子をかぶっていて、客の荷物を運ぶ人です。売り子というのは、駅で弁当やお茶や新聞や雑誌を売る人です。

4 ぼうっとしていたので、うっかり乗り過ごして終点まで行ってしまった。

[참고단어]
忘(わす)れ物(もの)をする 물건을 잊다
よだれを垂(た)らす 군침을 흘리다
うっかり 깜빡, 무심코
乗(の)り過(す)ごす 타고 가다 하차역을 지나치다
一駅(ひとえき) 한 정거장
手前(てまえ) 앞
終点(しゅうてん) 종점

[해설] 乗(の)り過(す)ごすす 전철이나 버스에서 자다가 깜빡하여 목적지를 지나치는 경우에 쓴다.

5 わたしはバスの方が便利だと思います。なぜなら、地下鉄は乗り換えが不便だし、バスの方が目的地のすぐ近くで降りることができるからです。

[참고단어]
乗(の)り換(か)え 환승
時間(じかん)が正確(せいかく)だ 시간이 정확하다
不便(ふべん)だ 불편하다
目的地(もくてきち) 목적지

6 大きな音で音楽を聞いて、ヘッドフォンから音が漏れている人を見たことがあります。/酔っ払いが、知らない人とけんかをする人を見たことがあります。

[참고단어]
迷惑(めいわく) 폐
ヘッドフォン 헤드폰
音(おと)が漏(も)れる 소리가 새다
ゲームをする 게임을 한다

おしゃべりをする 수다를 떨다
酔(よ)っ払(ぱら)い 술주정꾼
けんかをする 싸우다

셀프테스트 p.24

1 ① 赤いネクタイをしめた人は中村さんです。
  ② 白い帽子をかぶった人は木村さんです。
  ③ 青い靴をはいた人は上田さんです。
  ④ ひげをはやした人は川上さんです。

2 ① お話しください。
  ② お帰りください。
  ③ お入りください。
  ④ お戻りください。

3 ① このごろはやせた人より太った人のほうが多いようです。
  ② ご希望の方は入場料を払ってからお入りください。
  ③ まもなく会議を始めますから、みなさんご自分の席におかけください。
  ④ 今朝から急に雪が降りだしました。
  ⑤ KTXというのは、ソウルと釜山の間を走っている特急列車です。

문형확인문제

1 た/た/た
2 お/ください
3 はじめました
4 お/の
5 あとからあとから

04 お月見

묻고 답하기 p.27

1 日本人は、春にはお花見をして、秋にはお月見をします。

2 九月の中ごろの満月の晩です。

3 えだまめ、くり、かきなどを供えます。

4 平安朝時代からです。

정답 및 해설

5 ほとんどの人が故郷に帰って、家族や親戚と一緒にすごします。そしてお墓参りに行きます。

참고단어
秋夕(チュソク) 추석
過(す)ごす 지내다
故郷(こきょう) 고향
親戚(しんせき) 친척
墓参(はかまい)り 성묘

해설 한국의 추석은 일본의 'お盆(ぼん)'에 해당한다. 일본에서는 'お盆(ぼん)'이라고 하면, 일반적으로 양력 8월 15일을 가리킨다(지역에 따라서는 음력으로 전통 의식을 치르는 경우도 있다). 정부가 정한 공휴일이 아니지만, 이 전후에 장기 휴가를 얻어서 고향에 돌아가거나 해외여행을 가거나 한다.

6 韓国にも花見があります。また、5月にはこどもの日、先生の日、両親の日など、たくさんの記念日があって、贈り物をしたり、感謝の気持ちを伝えたりします。

참고단어
行事(ぎょうじ) 행사
こどもの日(ひ) 어린이 날
先生(せんせい)の日(ひ) 스승의 날
両親(りょうしん)の日(ひ) 어버이 날
記念日(きねんび) 기념일
贈(おく)り物(もの) 선물
感謝(かんしゃ) 감사
気持(きも)ちを伝(つた)える 마음을 전하다

셀프테스트 p.30

1 ① 雨が降る限り、飛行機は飛ばないでしょう。
② 雪が降る限り、花は咲かないでしょう。
③ たばこを吸う限り、健康にならないでしょう。
④ まじめに働かない限り、豊かにならないでしょう。

2 ① 音楽を聴いたり小説を読んだりして過ごしました。
② 洗濯をしたり買い物をしたりして過ごしました。
③ ビールを飲んだりテレビを見たりして過ごしました。
④ 手紙を書いたり電話をかけたりして過ごしました。

3 ① 男って、仕事がうまく行かないときは、一杯飲みたくなるものです。
② このごろの子供たちはテレビを見たりゲームをしたりして遊びます。
③ 政治家が正直でない限り、(真の)民主社会は成り立ちません。
④ 時調とは、庶民(たち)の喜びや悲しみをうたったものです。

문형확인문제

1 ものです
2 ば
3 限り
4 でしょう

05 わらいばなし

묻고 답하기 p.33

1 長い竹ざおを振り回して、星を打ち落とそうとしています。

2 金づちを借りるために行かせました。

3 長い竹ざおで星を打ち落とすこと自体不可能なことなのに、坊さんが小僧をばかにしながら、「そんなところからとどくものか。屋根へ上がれ。」と言ったから。

4 本当は自分の家にも金づちがあったのに、金づちが傷むかと思ったら、使うのが惜しくて、人に借りようとしたこと。

5 宝くじに当たって、世界一周旅行に行けますように。

참고단어
願(ねが)いがかなう 소원이 이루어지다
宝(たから)くじに当(あ)たる 복권이 당첨되다
試験(しけん)に合格(ごうかく)する 시험에 합격하다
世界一周(せかいいっしゅう) 세계일주

6 風邪をひいたとうそをついて、学校をずる休みしたことがあります。／母に友達と勉強をする

정답 및 해설

とうそをついて、ゲームセンターで遊んだことがあります。

참고단어
風邪(かぜ)をひく 감기에 걸리다
ずる休(やす)みをする 무단결석을 하다
ゲームセンター 오락실

셀프테스트 p.36
1 ① 行こう
　 ② 習おう
　 ③ 帰ってこよう
　 ④ しよう
2 ① 習え
　 ② 帰れ
　 ③ 帰ってこい
　 ④ やめろ
3 ① 大学生がこんなに易しいことばも知らないとは、ほんとうに情けない。
　 ② カメラがほしくて買いたいんですが、どれがいいでしょうか。
　 ③ すみませんが、市役所へ行く道を教えてくださいませんか。
　 ④ なんて不思議な話だろう。

문형확인문제
1 ほしい
2 ないとは
3 ものか/上がれ
4 使おう
5 うそをついては

---

06 お金のあな

묻고 답하기 p.39
1 金や銀や銅で造られていました。
2 1300年ほど前です。
3 銅貨です。
4 お金のまわりを磨いて、きれいに早くしあげるためです。

5 お札と硬貨があります。お札は千ウォン、一万ウォン、五万ウォンがあります。
　硬貨は十ウォン、五十ウォン、百ウォン、五百ウォンがあります。

참고단어
種類(しゅるい) 종류
お札(さつ) 지폐
硬貨(こうか) 동전
十(じゅう) 십
百(ひゃく) 백
千(せん) 천
万(まん) 만

해설 ×一千(いっせん)ウォン→ 千(せん)ウォン、
　　 ×万(まん)ウォン→ 一万(いちまん)ウォン

6 わたしはお金が 一番大事じゃないと思います。なぜなら、お金持ちでもお金だけの人生はさびしいし、貧しくても人間関係がよかったら、楽しく暮らせると思うからです。

참고단어
一番(いちばん) 가장
大事(だいじ)だ 소중하다
金持(かねも)ち 부자
人生(じんせい) 인생
貧(まず)しい 가난하다
人間関係(にんげんかんけい) 인간 관계
暮(く)らす 살다

셀프테스트 p.42
1 ① 外国へはじめて行ったのは、10年前のことです。
　 ② たばこをはじめて吸ったのは、高校時代のことです。
　 ③ お酒をはじめて飲んだのは、大学に入る前のことです。
　 ④ セマウル運動がはじめてはじまったのは、1960年代のことです。
2 ① したわけです。
　 ② 発展したわけです。
　 ③ 選択だったわけです。
　 ④ 寒かったわけです。
3 ① 韓国ではじめて鉄道ができたのは、20世紀(の)はじめのことです。

정답 및 해설

❷ 住み(暮らし)やすい国をつくるためには、みんなが一生懸命に働かなければなりません。
❸ 今度の入試不正事件は誤った考えかたにその原因があります。
❹ 韓国料理と日本料理は作りかたはもちろん食べかたも違います。

문형확인문제
1 はじめて/たのは
2 では
3 ためには
4 わけです

07 日本の国土

묻고 답하기 p.45
1 日本アルプス、または「日本の屋根」と呼ばれています。
2 農業や工業などに都合のよい平野がひじょうに少ないことです。
3 1300メートルぐらいです。
4 日本は国土が狭く、山が多いからです。
5 ① 温泉がたくさんあること。
  ② 富士山をはじめ、姿の美しい山が多いこと。
  ③ 日本の国立公園の大部分が海と火山の多いところにあり、そこの谷や湖が美しいこと。
  ④ 農作物に適した土を作ること。
6 ① 急流が多く、あまり長いものや大きいものはありません。
  ② 日本の川は洪水を起こしやすく、また交通のためにはあまり利用できません。
  ③ 流れが急なので、水を低い土地に引いて、農業に利用したり、ダムを造って、水力発電を行うのにたいへん便利です。

셀프테스트 p.48
1 ❶ 買わなかったのは、あまりにも高かったからです。
❷ 会社へ行かなかったのは、休みだったからです。
❸ 会社に遅れたのは、朝ねぼうをしたからです。
❹ 会議に出席しなかったのは、忙しかったからです。
2 ❶ 同じ東洋人でも国によって宗教と風習が違います。
❷ 彼が会長に選ばれなかったのは、会員(たち)に信頼されなかったからです。
❸ 有能なセールスマンになるためには、ことば遣いをはじめ、いろんなマナーを身につけなければなりません。
❹ この本はひとりで日本語を身につけるのに便利になっています。
❺ きょうは都合がよくないから、あしたもう一度お寄りください。

문형확인문제
1 でも/でも
2 のは/からです
3 はじめ
4 のに/便利です
5 やすく
6 に適した

08 たなばた

묻고 답하기 p.51
1 今から何世紀も前に中国から伝わってきました。
2 夏の夜空に南から北に白い帯のように見える星の群のことです。
3 結婚してから機を織ることも忘れて遊びふけっていたからです。
4 いいえ、年に一度だけはひこ星に会いに行くことを許されました。
5 暑いので、山や川に行って、キャンプをしたり

泳いだりします。海辺で花火大会もあるので、見に行きます。また、毎年夏には、夏バテを防いで、体力をつけるために、サムゲタンという鶏肉のスープを食べます。

참고단어
過(す)ごす 지내다
キャンプ 캠프
海辺(うみべ) 해변
花火大会(はなびたいかい) 불꽃 놀이
毎年(まいとし) 매년
夏(なつ)バテ 여름을 탐
防(ふせ)ぐ 방지하다
体力(たいりょく)をつける 체력을 기르다
サムゲタン 삼계탕
鶏肉(とりにく) 닭고기
スープ 탕, 수프

6 タイタニックという映画です。アメリカの映画ですが、金持ちの婚約者がいるヒロインと、貧しい男の主人公が、恋に落ちる話です。船の一番前で二人でするポーズが有名ですが、わたしもそのシーンが大好きで、まねをしました。

참고단어
ドラマ 드라마
ラブストーリー 러브 스토리
印象(いんしょう)に残(のこ)る 인상에 남다
タイタニック 타이타닉
アメリカ 미국
金持(かねも)ち 부자
婚約者(こんやくしゃ) 약혼자
ヒロイン 여주인공, 히로인
貧(まず)しい 가난하다
主人公(しゅじんこう) 주인공
恋(こい)に落(お)ちる 사랑에 빠지다
船(ふね) 배
ポーズ 포즈
シーン 장면
まねをする 흉내내다

 셀프테스트 p.54
1 ① お話しになりました。
② お戻りになりました。
③ お帰りになりました。
④ お買いになります。
2 ① 教育を受けることは国民としての義務であり権利であります。
② 彼は学者としてより(も)政治家としてながく評価されるでしょう。
③ 一方的に覚えさせるより(は)自分で理解するようにしましょう。
④ 先生はいつもご自分の洗濯物はご自分で洗われます。
⑤ わたしはまだあなたのことはまったく知りません。

 문형확인문제
1 として
2 思われ
3 書かせます
4 お/になりました
5 されました
6 とか/とか/とか
7 に当たります

09 小さなねじ

묻고 답하기 p.57
1 5時で止まってしまいました。
2 旅人の時計屋さんです。
3 マッチのじくぐらいの小さなねじが一つ取れていたためです。
4 どんなに大きな時計でも、小さなねじが一本なければ、役には立たない。ぼくは、給仕という仕事をしているけど、役所のために役に立っているという意味です。
5 今、故障すると一番困るものは、スマートフォンです。なぜなら、毎日家でテレビを見る時間があまりないので、バスの中でインターネットニュースを見ているからです。

참고단어
スマートフォン(スマホ) 스마트 폰

정답 및 해설

タブレット 탭
パソコン 컴퓨터
デジタルカメラ(デジカメ) 디지털 카메라(디카)
腕時計(うでどけい) 손목 시계

6 毎朝、家の前に落ちているゴミを拾うことで、近所の人たちの役に立っていると感じたことがあります。

참고단어
ゴミを 拾(ひろ)う 쓰레기를 줍다
近所(きんじょ)の人(ひと)たち 이웃사람들
役(やく)に立(た)つ 도움이 되다
ボランティアをする 봉사활동을 하다
募金(ぼきん)する 모금하다

셀프테스트 p.60

1 ① 洋服を着たまま
　② ネクタイをしめたまま
　③ 電気をつけたまま
　④ ふとんをしいたまま

2 ① 薬を飲んでも熱が下がりません。
　② 手紙を出しても返事をくれません。
　③ ベルを押しても出て来ません。
　④ 約束時間が過ぎても彼は来ませんでした。

3 ① 彼はある日家を出たまま1年経っても帰ってきません。
　② ことばだけで国を愛するより(は)社会に役に立つ人間になりましょう。
　③ 夜が明ける前に家を出て日が暮れるまで働く人が多いです。
　④ どんなにすばらしい計画でも努力しないと役に立ちません。

문형확인문제

1 たまま
2 ても/ても
3 ましょう
4 たまえ
5 役に立ちます

10 衣食住

묻고 답하기 p.63

1 「衣」は着るもの、「食」は食べるもの、「住」は住居のことです。
2 着物は労働に不便なためです。
3 熱帯の気候、風土、住居によく適しているからです。
4 牛や豚や羊などの肉をよく食べます。
5 暑い国：風通しをよくするためです。
　寒い国：外部からの冷たい空気が防ぐためです。
6 韓国の伝統的な服は韓服です。女性はドレスのようなスカートを着て、男性はズボンを着ます。鮮やかな色が特徴で、シルクの高いものもありますが、最近は安いものもたくさんあるし、レンタルもできます。主に正月や結婚式の時に着ます。

참고단어
伝統(でんとう) 전통
韓服(かんふく/ハンボク) 한복
スカート 치마
ズボン 바지
鮮(あざ)やかだ 산뜻하다
特徴(とくちょう) 특징
シルク 실크
レンタル 렌탈
主(おも)に 주로
正月(しょうがつ) 설
結婚式(けっこんしき) 결혼식

셀프테스트 p.66

1 ① 季節によって
　② 人によって
　③ 地域によって
　④ 立場によって

2 ① 用事のため
　② 忙しかったため
　③ 約束のため
　④ 交通が便利なため

3 ① 会社においてなくてはならないものは人と技術と資本です。

정답 및 해설

❷ 国によってことばが違うように、制度と習慣が違うものです。
❸ わたしたちは古くから農業によって生活してきました。
❹ 韓国人は孝をもっとも大事にしているのに対して、日本人は忠を一番にしてきたのです。

문형확인문제
1 なくてはならない
2 によって/によって
3 なため
4 において

---

11 交通事故

묻고 답하기 p.69

1 列車が衝突する、脱線する、転覆するといった事故、または、子供が自動車にひかれる、はねとばされるといった事故のことです。

2 自動車にひかれたり自転車にはねとばされたりする事故です。

3 常に注意を怠らないようにすることが大切です。

4 ① ひとりだけのろのろ歩く人。
② 人を押しのけて歩く人。
③ 立ち止まって話し合っている人。
④ 傘を横に持ったり、後ろにひきずったりしている人。
⑤ 横に三列にも四列にも並んで歩いている一団。

5 みんなが心を合わせて規則を守り、公衆の迷惑にならないように心がけることです。

6 わたしは、ケータイを見ながら歩くのが、最も危険だと思います。なぜなら、ケータイに夢中になるあまり、後ろから車が来ていることにも気づかないことがあるからです。

참고단어
最(もっと)も 가장
夢中(むちゅう)になる 몰두하다, 정신이 없다

わき見(み)運転(うんてん) 한눈팔면서 하는 운전
居眠(いねむ)り運転(うんてん) 졸음 운전
飲酒(いんしゅ)運転(うんてん) 음주 운전
信号(しんごう)無視(むし) 신호 무시
ケータイを見ながら歩(ある)く 휴대폰을 보면서 걷다
音楽(おんがく)を聞(き)きながら歩(ある)く 음악을 들으면서 걷다

셀프테스트 p.72

1 ❶ 若者(わかもの)だけでなく大人にも
❷ サッカーだけでなく野球も
❸ 課長だけでなく部長も
❹ 女性だけでなく男性もピアスを

2 ❶ 口に出してしまってからでは
❷ 失ってしまってからでは
❸ サインをしてしまってからでは
❹ 卒業してしまってからでは

3 ❶ 社員を昇進させるとか発令するとかいったことを人事といいます。
❷ 三国志は読むと、それだけさらにおもしろくなります。(三国志は読めば読むほどさらにおもしろくなります。)
❸ そのふたりの確執は小さな思い違いから始まったのだそうです。
❹ 経済というのは、一度破綻状態になってしまってからではなかなか回復できないものです。

문형확인문제
1 といった
2 から
3 てからでは
4 について/について

---

12 男性化と女性化

묻고 답하기 p.75

1 ファッションの問題です。服の色にも、デザインにも男女の区別がなくなってきているので、外観だけでは男性か女性かわからないことがあるからです。

정답 및 해설

2 靴下と女性が強くなったと言われます。

3 職業における男女の差別があります。

4 ① 現在の日本では、男性の権威がなくなったから、男性が女性のように弱くなった。
② 小、中学校に女性の先生が多く、母親が子供の教育に関係するから。

5 わたしもそう思います。男尊女卑の時代は終わって、ジェンダーがどんどんなくなっています。男性は男らしく、女性は女らしくしなくていいので、気が楽でいいと思います。

참고단어
男尊女卑(だんそんじょひ) 남존여비
時代(じだい) 시대
終(お)わる 끝나다
ジェンダー 문화적・사회적으로 형성되는 성별, 젠더
どんどん 점점
男(おとこ)/女(おんな)らしい 남자답다/여자답다
気(き)が楽(らく)だ 편안하다

6 あると思います。まず、女性差別ですが、女は結婚して会社を辞めるべきだ、女性だけ家事や子育てをするべきだ、という先入観がまだあります。逆に、男性差別ですが、男は軍隊に行くべきだ、女性専用の休憩室や駐車スペースはあるが男性専用はない、などの差別があります。

참고단어
辞(や)める 그만두다
家事(かじ) 집안일
子育(こそだ)て 아이를 기르는 일, 육아
先入観(せんにゅうかん) 선입견
逆(ぎゃく)に 반대로
軍隊(ぐんたい) 군대
専用(せんよう) 전용
休憩室(きゅうけいしつ) 휴게실
駐車(ちゅうしゃ) 주차

해설 '女(おんな)'라는 말은 여성 개인을 가리킬 경우에는 난폭한 말투가 되므로 주의해야 한다. 그러나 회화라도 일반적인 '여자'를 가리킬 경우엔 '女(おんな)'라고 해도 된다. '男(おとこ)'의 쓰임새도 마찬가지다.

셀프테스트 p.78

1 ① あの人は企業人というよりむしろ政治家といったほうがいいです。
② あの方は牧師というよりむしろ孤児の父といったほうがいいです。
③ 釜山は観光地というよりむしろ貿易港といったほうがいいです。
④ 彼は歌手というよりむしろ俳優といったほうがいいです。

2 ① 国民のアンケートにおける最大の関心は
② 韓国経済における最大の問題は
③ 外国語学習におけるいちばんの近道は
④ 両国間におけるトラブルは

3 ① まじめな人が豊かになる社会をつくるには勇気が要ります。
② 外観(外見:がいけん)だけでは学生(なの)か社会人(なの)かわからない若者が多いです。
③ 中小企業はもちろん大企業までむやみに輸入するとはなさけないです。
④ 家庭で子供の教育に関係するのは母親(のほう)らしいです。

문형확인문제

1 ていて
2 ともかく
3 おける
4 には
5 対する

13 農村と都市

묻고 답하기 p.81

1 一家の大黒柱でまる父ちゃんが町へ働きに行き、おじいさんとおばあさんとお母ちゃんの三人で農業をしているという意味です。

2 女の人もパートタイムで働きに出るようになったからです。

3 農業を捨てて、一家そろって都市に移り住む場

合もあるからです。

4 人口の減少にともない、鉄道や学校が廃止されてますます住みにくくなり、そんな不便なところへは医者は行きませんから、無医村が多くなるという問題です。

5 都市の中心部は商店や会社が多く、車の騒音もひどいので、人口はしだいに都市のまわりへ移動しています。それで、ベッドタウンとしての衛星都市が発達して起こります。

6 韓国でも日本と同じだと思います。農業は、天候に左右されるし、肉体労働なので、大変だからです。そのため、デスクワークを好み、収入も高いし、安定しているので、一流企業の多く集まる都会に出たがる傾向があります。

참고단어
天候(てんこう)に左右(さゆう)される 날씨에 좌우되다
肉体労働(にくたいろうどう) 육체노동
デスクワーク 데스크워크(사무직)
収入(しゅうにゅう) 수입
安定(あんてい) 안정
一流企業(いちりゅうきぎょう) 일류기업

🐱 셀프테스트 p.84
1 ① 食べたがっています。
　 ② 働きたがりません。
　 ③ 考えたがりません。
　 ④ なりたがっています。

2 ① 出しつつあります。
　 ② 進みつつあります。
　 ③ なりつつあります。
　 ④ 向かいつつあります。

3 ① 最近は働かないで豊かになりたがる人が多いです。
　 ② 若い人(若者)は都市へ出稼ぎに行って、年よりだけが残っています。
　 ③ 人口の増加にともない、住宅問題が深刻になりつつあります。
　 ④ 新しい政府の発足にともない、韓米間における貿易摩擦が拡大しつつあります。

🐶 문형확인문제
1 ないで
2 つつある
3 ともない

14　子供とテレビ

🐱 묻고 답하기 p.87
1 テレビを見る時間が、驚くほど長くなった。
2 自分が主人公になったつもりで、わくわくしながら見ているから。
3 大きくなったら粗暴な人間になるのではないか心配なため。
4 テレビではたいてい15分毎にコマーシャルが入るから、子供の生活や考え方はすべて15分きざみになっているから。
5 「無限挑戦(무한도전)」というバラエティー番組が好きです。出演者たちが毎回、おもしろい企画にチャレンジする内容です。ゲストもいろいろな有名人が出るので、毎週楽しみです。

참고단어
テレビ番組(ばんぐみ) TV프로그램
内容(ないよう) 내용
バラエティー 버라이어티
出演者(しゅつえんしゃ) 출연자
毎回(まいかい) 매회
企画(きかく) 기획
チャレンジ 도전
ゲスト 게스트
有名人(ゆうめいじん) 유명인
出(で)る 나오다
楽(たの)しみだ 기다려지다

🐱 셀프테스트 p.90
1 ① 食べたきりで
　 ② 会ったきりで
　 ③ 別れたきりで
　 ④ 入ったきりで

2 ① 一度ならず何回も行っています。

정답 및 해설

❷ 一度ならず何度もとりあげています。
❸ 一度ならず何回も見ています。
❹ 一度ならず何回も行っています。

3 ❶ 父は昨年の春出稼ぎに行ったきりで、便りひとつくれません。
❷ あなたが社長になったつもりで、会社の実情を理解してください。
❸ むだ使いのため(に)貧乏になってしまった人の話は一度ならず聞いたことがある。
❹ うちの会社では年に一度月給が上がることになっている。

문형확인문제
1 きりで
2 つもりで
3 一度ならず
4 ごと

15 小さな親切

묻고 답하기 p.93

1 赤ちゃんをおぶった人が、三・四才ぐらいの男の子を連れて乗ってきました。
2 バスが止まるたびに、ぐらぐらと倒れそうになるのを見たからです。
3 小さな親切がふみにじられたような気持ちになりました。
4 子供の足を丈夫にするためもあるだろうし、子供だからといって、保護し過ぎてはいけない、独立心を育てなくてはいけないという考えをもっているからだと思います。
5 相手の意向も確かめずに、わたしは、ただ親切の押し売りをしていたのかもしれないと思ったからです。
6 バス停で、おばあさんが重い荷物を持っていました。バスの乗降口はとても高いですから、おばあさんの代わりに荷物をバスの中に入れてあげました。

참고단어
席(せき)を譲(ゆず)る 자리를 양보하다
バス停(てい) 버스 정류장
荷物(にもつ) 짐
持(も)つ 들다
乗降口(じょうこうぐち) 버스의 출입구
～の代(か)わりに 대신에

셀프테스트 p.96

1 ❶ 行くたびに
❷ もらうたびに
❸ 合わせるたびに
❹ 降るたびに

2 ❶ 先輩だからといって
❷ 学生だからといって
❸ 安いからといって
❹ 元気だからといって

3 ❶ 韓国に来るたびに活気にあふれた雰囲気が感じられました。
❷ いくら自分の会社でも企業人には(企業人としての)モラルがあるものです。
❸ 隣の人のことを考えないで(ずに)うるさくする人が多いようです。
❹ ひとりでなやまないで(なやまずに)同僚に相談してよかったと思います。

문형확인문제
1 たびに
2 そうに
3 いくら/ても
4 だからといって
5 そう言われてみると

16 権利と義務

묻고 답하기 p.101

1 憲法によって、保証され、尊重されています。
2 意見を自由に発表することができ、政治についても自由に議論することができます。

정답 및 해설

3 家族とか国家とかいろいろな集団を作ってその中で暮らしているため。

4 自分を大事にすると共に他人をも尊重し、自分の自由を主張すると共に他人の自由をも認めること。

5 たがいに協同の精神をもって、明るく美しく社会を作り上げるように努めなければなりません。

참고단어
協同(きょうどう)の精神(せいしん) 협동 정신
努(つと)める 노력하다

셀프테스트 p.104

1
① していたのでは
② していたのでは
③ まじえたのでは
④ついていたのでは

2
① 勉強してこそ
② 卒業してこそ
③ 別れてこそ
④ 合わせてこそ

3
① みんなが自分の仕事に最善を尽くしてこそ、健全な社会は成り立ちます。
② 部下にだけ忠誠を求めていたのでは、絶対に信頼されません。
③ いつまでも親に頼っていたのでは、立派な人間にはなれません。
④ 上に立つ者が正しい行いをしてこそ、明るくて美しい(きれいな)社会になるのです。

문형확인문제

1 わけです
2 からといって
3 こそ
4 てはなりません

17 友達

묻고 답하기 p.109

1 互いに信じ合い、愛し合って、少しの疑いもその間にない友達です。

2 よい父やよい兄弟には、努めなくてもなりえますが、よい友達であることは、十人のうち七・八人までが生まれながらでは不可能です。たいていの人が、それには、品性を立派にし、人格の向上に努めることを必要とするからです。

3 ① いい友達になれる人が、この世のどこかにいても、一生めぐり合わないでしまえばそれまでだから。
② いい友達になりえる人でも、他の偶然な理由から、互いに理解するに至らないで別れてしまう場合もあるから。
③ 最もいい友達であった人たちが、ある外面的なちょっとした事情のために、最もはげしい敵となっていることさえ少なくないから。

4 難しいですが、友達だと思います。恋人は、恋愛感情がなくなったら、それで終わりですが、友達は、恋人がいても結婚しても、ずっと友情を続けることができるからです。

참고단어
恋人(こいびと) 애인
重要(じゅうよう) 중요하다
恋愛感情(れんあいかんじょう) 연애감정
なくなる 없어지다
終(お)わり 끝
ずっと 계속, 쭉
友情(ゆうじょう) 우정
続(つづ)ける 계속하다

셀프테스트 p.112

1
① 失ってしまえばそれまでです。
② 疑われてしまえばそれまでです。
③ 本棚にしまわれてしまえばそれまでです。
④ 見逃してしまえばそれまでです。

2
① 目指すべき
② 守るべき
③ たどるべき

❹ 勝負すべき
3 ❶ 彼は今まで不平ひとつ言うことなく、まじめに働いてきました。
❷ 彼の優秀さはわれわればかりでなく全業界に知られています。
❸ みんながゆずり合う社会になればどんなに幸せなことであろうか。
❹ どんなに実力があっても、一度信頼を失ってしまえばそれまでです。

문형확인문제

1 ことなく
2 えようが
3 らしい
4 とって

18 抗議する義務

묻고 답하기 p.117

1 「横から割り込んではいけません。」と抗議をするべきです。
2 義務です。
3 だれかが割り込んでも、自分も電車に乗り込めることが明白な場合。(被害が自分に及ばない場合。)
4 自分の頭で物事を考える人が少ないからです。
5 筋が通った話には納得するということと、筋の通らない話には抗議することとは、同じ頭の作用の両面だからです。
6 わたしは注意すべきだと思いますが、注意する方法に気をつけるべきだと思います。いきなり大声で怒ると、相手も反発します。だから、公共の場でタバコを吸っている人がいたら、「すみません、今、妊娠しているので、タバコはちょっと…」などと相手が納得するようにやさしく言うのがいいと思います。

참고단어
マナー 매너

気(き)をつける 조심하다
いきなり 갑자기
大声(おおごえ) 큰소리
相手(あいて) 상대
反発(はんぱつ) 반발
公共(こうきょう)の場(ば) 공공장소
妊娠(にんしん) 임신
納得(なっとく)する 납득하다

셀프테스트 p.120

1 ❶ 聞いてくれるに違いありません。
❷ 静かだったに違いありません。
❸ かかるに違いありません。
❹ 便利に違いありません。
2 ❶ つきあうことによって
❷ 理解し合うことによって
❸ 把握することによって
❹ ジョギングすることによって
3 ❶ 友達の過ちに知らん顔をするのは、友情ではなくて、無責任なことです。
❷ 8時までに入場なさるお客さまに限り、ビール1本を2千ウォンにサービスいたします。
❸ 企業は税金を納めることによって、社会的責任を負わなければなりません。
❹ たばこを吸いすぎると、健康は悪くなるに違いありません。

문형확인문제

1 でなく
2 に違いない
3 の末に
4 きまりが悪い

19 季節風と日本人

묻고 답하기 p.125

1 冬になると、北西からの冷たい風にさらされ、また、夏が来ると、太平洋から大陸の方へ流れ込む風を受けたりする風の動きのこと。

정답 및 해설

2 ①生活や健康。
　②風俗。
　③衣食住の生活のために使う材料。
　④四季の移り変わりがきわだっていること。

3 四季の自然の姿と、それにともなう祭りや遊びの年中行事。

4 ①日本人の生活 ②文化 ③日本の歴史

5 韓国では、夏は伝統的には、通気性がいい麻の服を着て、すごしてきました。また、パッピンスというカキ氷を食べたりして、体を冷やします。また冬は、昔からオンドル部屋があり、床から部屋の空気を暖めることができました。現在はボイラーになって温度調節もできて便利です。また、ゆず茶やしょうが茶を飲んで、体を温めます。

参고단어
過(す)ごす 보내다
伝統的(でんとうてき) 전통적
通気性(つうきせい) 통기성
麻(あさ) 마
カキ氷(ごおり) 빙수
冷(ひ)やす 차게하다
床(ゆか) 바닥
暖(あたた)める 따뜻하게하다
ボイラー 보일러
温度調節(おんどちょうせつ) 온도조절
ゆず茶(ちゃ) 유자차
しょうが茶(ちゃ) 생강차

6 現代では経済発展だけに集中しすぎ、昔の人の知恵を軽視しすぎています。もっと過去から学ぶべきだと思います。しかし、グローバル時代の今、伝統だけではなく、世界から学ぶべきだと思います。例えば、韓国には目上の人を敬うという、すばらしい儒教文化がありますが、そのせいで酒が飲めないのに目上の人の誘いを断れなかったりすることもあります。目上を敬う＝一方的なコミュニケーションではない、ということを他の文化からもっと学んでいいと思います。

참고단어
伝統文化(でんとうぶんか) 전통문화

守(まも)る 지키다
変(か)える 바꾸다
現代(げんだい) 현대
経済発展(けいざいはってん) 경제발전
集中(しゅうちゅう) 집중
知恵(ちえ) 지혜
軽視(けいし) 경시
過去(かこ) 과거
学(まな)ぶ 배우다
目上(めうえ)の人 윗사람
敬(うやま)う 존경하다
儒教(じゅきょう) 유교
誘(さそ)い 권유하다
断(こと)る 거부하다
一方的(いっぽうてき) 일방적
コミュニケーション 커뮤니케이션

셀프테스트 p.128

1 ❶ 相談に相談を重ねて
　❷ 出世に出世を重ねて
　❸ 研究に研究を重ねて
　❹ 開発に開発を重ねて

2 ❶ 来てほしいです。
　❷ 伝えてほしいです。
　❸ 見せてほしいです。
　❹ 教えてほしいのは、

3 ❶ 学生は学生で、先生は先生ですべきことがあるものです。
　❷ 韓国の歌詞には祖先たちの魂や精神がこめられています。
　❸ 狭苦しい家ではありますが、暑さと寒さにはなんとかしのぐことができます。
　❹ 韓半島(朝鮮半島)は虎の形をしていると言われています。

문형확인문제

1 は/で
2 ところ
3 から/にかけて
4 したがって

20 新聞の記事

묻고 답하기 p.133

1. 世の中の動きや社会に起こったできごとを早く知ったり、確かめたりしたいから。
2. 社会の動きを映し出す鏡のようなもの。
3. ①ニュース
4. 社説に取りあげられ、専門家から意見がよせられたり読者からの投書があったりして、人々の関心を集め、一つの世論がつくりだされることがあります。
5. ニュースの記事には、記者の主観をまじえないこと。
   主観をまじえて書いたのでは、公平を欠くおそれがあるため。
6. その記事が正確であるか、公平を欠いてはいないかに注意して読む態度。
7. 日本のある電車の路線が何かの事情で不通になり、帰宅途中の乗客達が電車に乗ったまま、ずっと待たなければならない状況になりました。しかし、スマートフォンを持っている人々はツイッターなどでそれぞれが持っている情報交換をし、不安を解消するとともに、お互いはげましあったといいます。情報共有の新しいあり方がとても印象に残りました。

참고단어
- 電車(でんしゃ) 전철
- 路線(ろせん) 노선
- 事情(じじょう) 사정
- 不通(ふつう) 불통
- 帰宅途中(きたくとちゅう) 귀가중, 귀가길
- 乗客(じょうきゃく) 승객
- 状況(じょうきょう) 상황
- スマートフォン 스마트폰
- ツイッター 트위터
- 情報交換(じょうほうこうかん) 정보교환
- 不安(ふあん) 불안
- 解消(かいしょう)する 해소하다
- お互(たが)い 서로
- 励(はげ)ましあう 서로 격려하다
- 共有(きょうゆう) 공유

あり方(かた) 본연의 자세, 존재양식
印象(いんしょう)に残(のこ)る 인상에 남다

셀프테스트 p.136

1. ① 彼女に会わないではいられません。
   ② 山に登らないではいられません。
   ③ 人の悪口を言わないではいられない人です。
   ④ アプリを買わないではいられません。
2. ① 赤いものもあれば、青いものもあります。
   ② 国産品もあれば、輸入品もあります。
   ③ 厚いものもあれば、うすいものもあります。
   ④ 韓国人もいれば、外国人もいます。
3. ① 彼は碁が大好きで、一日でも打たないではいられません。
   ② 彼女はあの時代のすべての若者たちの憧れの的でした。
   ③ 気に入ったからといって、なんでも買ったのでは生活は成り立ちません。
   ④ 現代人は携帯とインターネットを(から)離れては生活できなくなってしまいました。

문형확인문제

1. いうまでもなく
2. ないではいられない
3. もあれば/もある
4. 問わず

정답 및 해설

일본어 능력 TEST ❶ p.138

一 ❶ようか
   ❷とうか
   ❸せんしゅう
   ❹さらいしゅう
   ❺かようび
   ❻もくようび
   ❼いっぱい
   ❽さんばい
   ❾ひとり
   ❿ふたり

二 1. ⑤ 2. ⑦ 3. ④ 4. ③ 5. ⑧
    6. ⑥ 7. ⑫ 8. ⑪ 9. ① 10. ⑨

三 ❶に ❷を ❸が ❹に ❺に
    ❻に ❼で ❽に ❾が ❿を

四 1. ② 2. ① 3. ② 4. ① 5. ②
    6. ① 7. ① 8. ② 9. ① 10. ②

五 ❶かえら
   ❷きいた
   ❸よみ
   ❹あるいて
   ❺いった
   ❻きた
   ❼たべ
   ❽せ
   ❾はいって
   ❿なき

六 1. 黒字(くろじ)
    2. 取引(とりひき)
    3. 役所(やくしょ)
    4. 仲間(なかま)
    5. 田舎(いなか)

七 1. スポーツ
    2. オリンピック
    3. サービス
    4. スケジュール
    5. スーパーマーケット
    6. ニーズ
    7. ソフトウェア
    8. メーカー
    9. ノウハウ
    10. オイルショック

八 1. ⑥ 2. ④ 3. ⑤ 4. ② 5. ⑦

九 1. ウ 2. エ 3. イ 4. ア 5. エ

十 1. かけられ
    2. なる
    3. 買ってくれ
    4. 買わせられ(買わされ)
    5. 働かせて

十一 1. 止めないで
    2. で書かなくても
    3. でなくても
    4. 遅くては
    5. 知りません

十二 1. ② 2. ③ 3. ①

十三 1. b 2. b 3. c

일본어 능력 TEST ❷ p.144

一 ❶さんびゃく
   ❷ろっぴゃく
   ❸いっけん
   ❹さんけん
   ❺ろっぱい
   ❻はっぱい(はちはい)
   ❼いっかい
   ❽さんかい
   ❾きのう
   ❿あさって

二 1. ⑦ 2. ③ 3. ⑧ 4. ⑫ 5. ⑬
    6. ⑭ 7. ⑥ 8. ② 9. ⑤ 10. ④

三 ❶に ❷を ❸の ❹に ❺に
    ❻を ❼が ❽を ❾が ❿に

정답 및 해설

四 1. ② 2. ③ 3. ① 4. ③ 5. ②
    6. ② 7. ① 8. ③ 9. ② 10. ③

五 1. さむかった
    2. よさ
    3. しんせつな
    4. じょうずに
    5. すきな
    6. らしく
    7. ように
    8. ような
    9. そうな
    10. そうに

六 1. はず 2. つもり 3. つもり(はず)
    4. はず 5. つもり 6. はず

七 1. 手紙(てがみ)
    2. 近所(きんじょ)
    3. 外国人(がいこくじん)
    4. 景色(けしき)
    5. 相場(そうば)

八 1. れいてんさんななろく
    2. よんじゅうごパーセント
    3. いちわりごぶ
    4. よんぶんのさん

九 1. やっていく → やってくる
    2. 母を → 母に
    3. まちがいます → ちがいます
    4. 鉛筆たち → 鉛筆
    5. しました → いいました
    6. きった → やめた
    7. みる → うける
    8. どの程度 → ある程度
    9. 短い → ない
    10. はじめ → はじめて

十 1. おいしくなかった
    2. すってはいけ
    3. ふったら(ふれば)
    4. なさそう
    5. はらわなくてもいい

十一 1. しよう(したい)
    2. 書け
    3. 待たせられ(待たされ)
    4. 生活させて

十二 1. ××○
    2. ×○○
    3. ×○×

十三 1. ⓑ 2. ⓒ 3. ⓒ

十四 1. ❸ 2. ❷

일본어 능력 TEST ❸   p.150

一 ❶が ❷が ❸に ❹な ❺と
    ❻ぬ ❼ず ❽の ❾な ❿に

二 1. C 2. A 3. C 4. A 5. B
    6. C 7. A 8. C 9. C 10. C

三 1. A 2. A 3. B 4. A 5. B
    6. B 7. A 8. B 9. B 10. B

四 1. Ⓓ 2. Ⓙ 3. Ⓖ 4. Ⓘ 5. Ⓗ
    6. Ⓒ 7. Ⓔ 8. Ⓕ 9. Ⓑ 10. Ⓐ

五 1. 交差点(こうさてん)
    2. 歩道橋(ほどうきょう)
    3. 定期券(ていきけん)
    4. 急停車(きゅうていしゃ)
    5. 料金箱(りょうきんばこ)

六 1. ⓓ 2. ⓕ 3. ⓒ 4. ⓘ 5. ⓖ
    6. ⓐ 7. ⓗ 8. ⓔ 9. ⓙ 10. ⓑ

七 1. よくて、に
    2. よけれ、に
    3. に、よくなけれ
    4. と、いい(よい)
    5. よさ、に
    6. で、よくなかった
    7. に、よくない
    8. よかっ、の

정답 및 해설

9. いい(よい)、に
10. が、よくなかった
11. に、よかった

八　1. おかげさまで ➡ おかげで
　　2. わざと ➡ わざわざ
　　3. ぶり ➡ ぶりに
　　4. 思い出します ➡ 思い出されます
　　5. おもしろく ➡ おもしろそうに
　　6. お心配 ➡ ご心配
　　7. ご見舞い ➡ お見舞い
　　8. 着くなら ➡ 着いたら
　　9. だけ ➡ しか
　　10. 知る ➡ 知っている

九　1. ②　2. ③

十　1. ❶に ❷に ❸を ❹に ❺の
　　　❻を ❼に ❽の ❾の ❿に
　　2. ⓐちゅうしんこく
　　　ⓑこうどせいちょう
　　　ⓒはってんとじょうこく
　　　ⓓろうどうりょく
　　　ⓔまよなか
　　　ⓕすいみん
　　　ⓖいちりゅうだいがく
　　　ⓗじゅけんきょうそう
　　　ⓘわかものたち
　　　ⓙにんたいしん
　　3. A 뭐니 뭐니 해도
　　　B 이상하게도
　　　C 직위(자리)에 오르다
　　　D 극히 일부의 사람들
　　　E 적어도
　　4. ①そもそも　　②しかし
　　5. (A) ③　　(B) ②
　　6. ②
　　7. ②、④